大方廣佛華嚴經 讀誦

24

🪷 일러두기

1. 『독송본 한문·한글역 대방광불화엄경』은 실차난타가 한역(695~699)한 80권 『대방광불화엄경』의 한문 원문과 한글역을 함께 수록한 것이다. 한문에는 음사와 현토를 부기하였다.

2. 원문의 저본은 고종 2년(1865) 월정사에서 인경한 고려대장경 『대방광불화엄경』에 한암 스님이 현토(1949년)한 것을 범룡 스님이 영인 출판(1990년)한 『대방광불화엄경』이다.

3. 한문은 저본에서 누락되었거나 글자가 다르다고 판단된 부분은 저본인 고려대장경 각권의 말미에 교감되어 있는 내용을 중심으로 하고 봉은사판 『대방광불화엄경수소연의초』와 신수대장경 각주에서 밝힌 교감본을 참조하여 보입하고 수정하였다.

4. 한글 번역은 동국역경원에서 발간한 한글 『대방광불화엄경』(운허)을 중심으로 하고 『신화엄경합론』(탄허)과 『대방광불화엄경 강설』(여천무비) 그리고 최근의 여타 번역본 등을 참조하였다.

5. 저본의 원문에서 이체자의 경우 훈글이 제공하는 이체자는 그대로 살리고 훈글이 제공하지 않는 글자는 통용되는 정자로 바꾸었다. 예) 間 → 閒 / 焔 → 燄 / 宫 → 宮 / 偁 → 稱

6. 한글 번역은 독송과 사경을 위하여 정확성과 아울러 가독성을 고려하였다. 극존칭은 부처님과 불경계에 대해서만 사용하였다.

7. 독송본의 차례는 일러두기 → 본문 → 화엄경 목차 → 간행사의 순차이다.
   (법공양판에는 간행사 다음에 간행불사 동참자를 밝혀 두었다.)

8. 독송본의 한글역은 사경의 편의를 도모하기 위해 그 편집을 달리하여 『사경본 한글역 대방광불화엄경』으로 함께 간행한다. 독송본과 사경본 모두 80권 『대방광불화엄경』의 권별 목차 순으로 간행한다.

독송본 한문·한글역

대방광불화엄경 제24권

大方廣佛華嚴經 卷第二十四

25. 십회향품 [2]

十迴向品 第二十五之二

실차난타 한역
수미해주 한글역

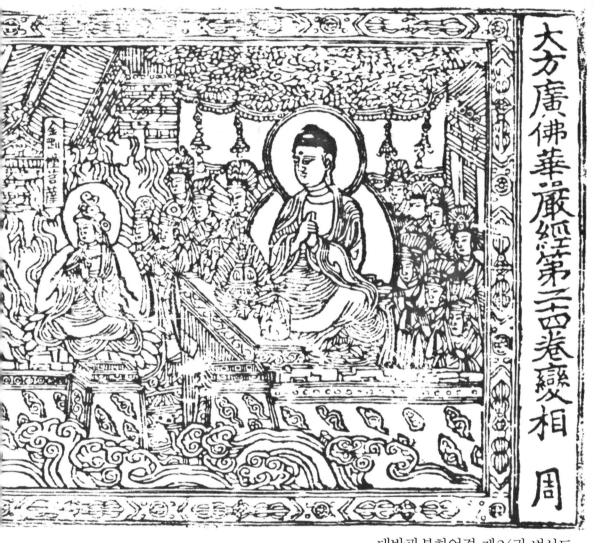

大方廣佛華嚴經第二十四卷變相 周

대방광불화엄경 제24권 변상도

대방광불화엄경
제24권

25. 십회향품 [2]

대방광불화엄경 권제이십사
大方廣佛華嚴經 卷第二十四

십회향품 제이십오지이
十迴向品 第二十五之二

불자 운하위보살마하살 불괴회향
佛子야 云何爲菩薩摩訶薩의 不壞迴向고

불자 차보살마하살 어거래금제여래소
佛子야 此菩薩摩訶薩이 於去來今諸如來所에

득불괴신 실능승사일체불고 어제보살
得不壞信이니 悉能承事一切佛故며 於諸菩薩의

대방광불화엄경 제24권

25. 십회향품 [2]

"불자들이여, 무엇을 보살마하살의 깨뜨릴 수 없는 회향이라 하는가?

불자들이여, 이 보살마하살이 과거와 미래와 현재의 모든 여래의 처소에서 깨뜨릴 수 없는

내지초발일념지심　　구일체지　　득불괴
乃至初發一念之心하야 求一切智에 得不壞

신　　서수일체보살선근　　무피염고
信이니 誓修一切菩薩善根하야 無疲厭故니라

어일체불법　　득불괴신　　발심지락고　　어
於一切佛法에 得不壞信이니 發深志樂故며 於

일체불교　　득불괴신　　수호주지고　　어일
一切佛敎에 得不壞信이니 守護住持故며 於一

체중생　　득불괴신　　자안등관　　선근회
切衆生에 得不壞信이니 慈眼等觀하야 善根迴

향　　보이익고
向하야 普利益故니라

어일체백정법　　득불괴신　　보집무변제선
於一切白淨法에 得不壞信이니 普集無邊諸善

근고　　어일체보살회향도　　득불괴신　　만
根故며 於一切菩薩迴向道에 得不壞信이니 滿

믿음을 얻으니 일체 부처님을 다 능히 받들어
섬기는 까닭이며, 모든 보살들과 내지 처음으
로 한 생각 마음을 내어 일체지를 구하는 이
에게 깨뜨릴 수 없는 믿음을 얻으니 일체 보살
의 선근을 닦기를 서원하여 피로해하거나 싫
어함이 없는 까닭이다.

　일체 부처님 법에 깨뜨릴 수 없는 믿음을 얻
으니 깊이 즐거움의 뜻을 내는 까닭이며, 일체
부처님의 가르침에 깨뜨릴 수 없는 믿음을 얻
으니 수호하고 머물러 지니는 까닭이며, 일체
중생에게 깨뜨릴 수 없는 믿음을 얻으니 인자
한 눈으로 평등하게 관찰하고 선근으로 회향

족 수 승 제 욕 해 고
足殊勝諸欲解故니라

어 일 체 보 살 법 사   득 불 괴 신   어 제 보 살
於一切菩薩法師에 得不壞信이니 於諸菩薩에

기 불 상 고   어 일 체 불 자 재 신 통   득 불 괴 신
起佛想故며 於一切佛自在神通에 得不壞信이니

심 신 제 불 난 사 의 고   어 일 체 보 살 선 교 방 편
深信諸佛難思議故며 於一切菩薩善巧方便

행   득 불 괴 신   섭 취 종 종 무 량 무 수 행 경 계
行에 得不壞信이니 攝取種種無量無數行境界

고
故니라

불 자   보 살 마 하 살   여 시 안 주 불 괴 신 시   어
佛子야 菩薩摩訶薩이 如是安住不壞信時에 於

불 보 살 성 문 독 각   약 제 불 교   약 제 중 생   여
佛菩薩聲聞獨覺과 若諸佛敎와 若諸衆生의 如

하여 널리 이익을 주는 까닭이다.

일체 희고 깨끗한 법에 깨뜨릴 수 없는 믿음을 얻으니 가없는 모든 선근을 널리 모으는 까닭이며, 일체 보살의 회향하는 도에 깨뜨릴 수 없는 믿음을 얻으니 수승한 모든 욕망과 이해를 만족하는 까닭이다.

일체 보살 법사에게 깨뜨릴 수 없는 믿음을 얻으니 모든 보살들에게 부처님이라는 생각을 일으키는 까닭이며, 일체 부처님의 자재한 신통에 깨뜨릴 수 없는 믿음을 얻으니 모든 부처님의 사의하기 어려움을 깊이 믿는 까닭이며, 일체 보살의 선교 방편행에 깨뜨릴 수 없는 믿

시등종종경계중 종제선근 무량무변
是等種種境界中에 種諸善根을 無量無邊하며

영보리심 전갱증장
令菩提心으로 轉更增長하나니라

자비광대 평등관찰 수순수학제불소
慈悲廣大하야 平等觀察하며 隨順修學諸佛所

작 섭취일체청정선근 입진실의 집
作하며 攝取一切淸淨善根하며 入眞實義하며 集

복덕행 행대혜시 수제공덕 등관삼
福德行하며 行大惠施하며 修諸功德하며 等觀三

세
世하나니라

음을 얻으니 갖가지 한량없고 수없는 행의 경계를 거두어 가지는 까닭이다.

불자들이여, 보살마하살이 이와 같이 깨뜨릴 수 없는 믿음에 편안히 머무를 때에, 부처님과 보살과 성문과 독각과 모든 부처님의 가르침과 모든 중생들의 이와 같은 갖가지 경계 가운데 모든 선근을 심는 것이 한량없고 가없으며, 보리심으로 하여금 점점 더욱 증장하게 한다.

자비가 광대하여 평등하게 관찰하며, 모든 부처님께서 지으시는 바를 수순하여 닦고 배우며, 일체 청정한 선근을 거두어 지니며, 진실한 이치에 들어가서 복덕의 행을 모으며, 큰

보살마하살　이여시등선근공덕　회향일
菩薩摩訶薩이 以如是等善根功德으로 迴向一

체지　원상견제불　친근선우　여제보
切智하야 願常見諸佛하며 親近善友하며 與諸菩

살　동공지주　염일체지　심무잠사
薩로 同共止住하며 念一切智하야 心無暫捨하며

수지불교　근가수호　교화성숙일체중
受持佛敎하야 勤加守護하며 敎化成熟一切衆

생　심상회향출세지도　공양첨시일체
生하며 心常迴向出世之道하며 供養瞻侍一切

법사　해료제법　억지불망　수행대원
法師하며 解了諸法하야 憶持不忘하며 修行大願하야

실사만족
悉使滿足이니라

보살　여시적집선근　성취선근　증장선
菩薩이 如是積集善根하며 成就善根하며 增長善

보시를 행하고 모든 공덕을 닦으며, 삼세를 평등하게 관한다.

보살마하살이 이와 같은 선근 공덕으로 일체지에 회향하되, 모든 부처님을 항상 친견하며, 선우를 친근하며, 모든 보살들과 더불어 함께 머무르며, 일체지를 생각하여 마음이 잠깐도 버리지 아니하며, 부처님의 가르침을 받아 지녀서 부지런히 더욱 수호하며, 일체 중생을 교화하고 성숙시키며, 마음으로 항상 세간을 벗어나는 길에 회향하며, 일체 법사를 공양하고

근　　사유선근　　계념선근　　분별선근
根하며 思惟善根하며 繫念善根하며 分別善根하며

애락선근　　수습선근　　안주선근
愛樂善根하며 修習善根하며 安住善根하나니라

섬기며, 모든 법을 분명히 알아 기억하고 지녀서 잊지 아니하며, 큰 원을 수행하여 다 만족케 하기를 원한다.

보살이 이와 같이 선근을 쌓아 모으며, 선근을 성취하며, 선근을 증장하며, 선근을 사유하며, 선근에 마음을 매어 두며, 선근을 분별하며, 선근을 좋아하며, 선근을 닦아 익히며, 선근에 편안히 머무른다.

보살마하살　여시적집제선근이　이차선근
菩薩摩訶薩이 如是積集諸善根已에 以此善根

소득의과　　수보살행　　어염념중　　견무량
所得依果로 修菩薩行하야 於念念中에 見無量

불　　여기소응승사공양　　이아승지보　아
佛하고 如其所應承事供養호대 以阿僧祇寶와 阿

승지화　　아승지만　　아승지의　　아승지개
僧祇華와 阿僧祇鬘과 阿僧祇衣와 阿僧祇蓋와

아승지당　　아승지번　　아승지장엄구　아승
阿僧祇幢과 阿僧祇幡과 阿僧祇莊嚴具와 阿僧

지급시　　아승지도식지　　아승지도향　아승
祇給侍와 阿僧祇塗飾地와 阿僧祇塗香과 阿僧

지말향　아승지화향　아승지소향
祇末香과 阿僧祇和香과 阿僧祇燒香이니라

아승지심신　아승지애락　아승지정심　아
阿僧祇深信과 阿僧祇愛樂과 阿僧祇淨心과 阿

보살마하살이 이와 같이 모든 선근을 쌓아 모으고는, 이 선근으로 얻은 바 의지한 과보로 보살행을 닦아 생각생각에 한량없는 부처님을 친견하고 그 알맞은 바대로 받들어 섬기고 공양올리되, 아승지 보배와 아승지 꽃과 아승지 화만과 아승지 옷과 아승지 일산과 아승지 당기와 아승지 깃발과 아승지 장엄구와 아승지 시중과 아승지 장식한 땅과 아승지 바르는 향과 아승지 가루향과 아승지 혼합한 향과 아승지 사르는 향으로 한다.

아승지 깊은 믿음과 아승지 즐기고 좋아함과 아승지 청정한 마음과 아승지 존중과 아승지

승지존중 아승지찬탄 아승지예경
僧祇尊重과 阿僧祇讚歎과 阿僧祇禮敬이니라

아승지보좌 아승지화좌 아승지향좌 아
阿僧祇寶座와 阿僧祇華座와 阿僧祇香座와 阿

승지만좌 아승지전단좌 아승지의좌 아
僧祇鬘座와 阿僧祇栴檀座와 阿僧祇衣座와 阿

승지금강좌 아승지마니좌 아승지보증
僧祇金剛座와 阿僧祇摩尼座와 阿僧祇寶繒

좌 아승지보색좌
座와 阿僧祇寶色座니라

아승지보경행처 아승지화경행처 아승지
阿僧祇寶經行處와 阿僧祇華經行處와 阿僧祇

향경행처 아승지만경행처 아승지의경행
香經行處와 阿僧祇鬘經行處와 阿僧祇衣經行

처 아승지보간착경행처 아승지일체보증
處와 阿僧祇寶閒錯經行處와 阿僧祇一切寶繒

찬탄과 아승지 예경으로 한다.

아승지 보배자리와 아승지 꽃자리와 아승지 향자리와 아승지 화만자리와 아승지 전단자리와 아승지 옷자리와 아승지 금강자리와 아승지 마니자리와 아승지 비단자리와 아승지 보배색자리로 한다.

아승지 보배로 된 경행하는 곳과, 아승지 꽃으로 된 경행하는 곳과, 아승지 향으로 된 경행하는 곳과, 아승지 화만으로 된 경행하는 곳과, 아승지 옷으로 된 경행하는 곳과, 아승지 보배가 사이사이 섞인 경행하는 곳과, 아승지 일체 보배채색비단으로 된 경행하는 곳과,

채 경행처   아승지일체보다라수경행처   아
綵經行處와 阿僧祇一切寶多羅樹經行處와 阿

승지일체보난순경행처   아승지일체보령
僧祇一切寶欄楯經行處와 阿僧祇一切寶鈴

망미부경행처
網彌覆經行處니라

아승지일체보궁전   아승지일체화궁전   아
阿僧祇一切寶宮殿과 阿僧祇一切華宮殿과 阿

승지일체향궁전   아승지일체만궁전   아승
僧祇一切香宮殿과 阿僧祇一切鬘宮殿과 阿僧

지일체전단궁전   아승지일체견고묘향장
祇一切栴檀宮殿과 阿僧祇一切堅固妙香藏

궁전   아승지일체금강궁전   아승지일체마
宮殿과 阿僧祇一切金剛宮殿과 阿僧祇一切摩

니궁전   개실수묘   출과제천
尼宮殿이 皆悉殊妙하야 出過諸天이니라

아승지 일체 보배다라나무로 된 경행하는 곳과, 아승지 일체 보배로 난간을 두른 경행하는 곳과, 아승지 일체 보배의 방울그물이 덮인 경행하는 곳으로 한다.

아승지 일체 보배궁전과, 아승지 일체 꽃궁전과, 아승지 일체 향궁전과, 아승지 일체 화만궁전과, 아승지 일체 전단궁전과, 아승지 일체 견고묘향장궁전과, 아승지 일체 금강궁전과, 아승지 일체 마니궁전이 모두 다 수승하고 묘하여 모든 하늘보다 뛰어난 것으로 한다.

아승지 모든 여러 가지 보배나무와 아승지 갖가지 향나무와 아승지 모든 보배옷나무와

아승지제잡보수　　아승지종종향수　　아승지
阿僧祇諸雜寶樹와 阿僧祇種種香樹와 阿僧祇

제보의수　　아승지제음악수　　아승지보장엄
諸寶衣樹와 阿僧祇諸音樂樹와 阿僧祇寶莊嚴

구수　　아승지묘음성수　　아승지무염보수
具樹와 阿僧祇妙音聲樹와 阿僧祇無厭寶樹와

아승지보증채수　　아승지보당수　　아승지일
阿僧祇寶繒綵樹와 阿僧祇寶璫樹와 阿僧祇一

체화향당번만개　　소엄식수　　여시등수　　부
切華香幢幡鬘蓋로 所嚴飾樹인 如是等樹가 扶

소음영　　장엄궁전
疎蔭映하야 莊嚴宮殿하니라

기제궁전　　부유아승지헌함장엄　　아승지창
其諸宮殿에 復有阿僧祇軒檻莊嚴과 阿僧祇窓

유장엄　　아승지문달장엄　　아승지누각장
牖莊嚴과 阿僧祇門闥莊嚴과 阿僧祇樓閣莊

아승지 모든 음악나무와 아승지 보배장엄구나무와 아승지 묘한 음성나무와 아승지 싫음 없는 보배나무와 아승지 보배채색비단나무와 아승지 보배귀걸이나무와 아승지 일체 꽃과 향과 당기와 깃발과 화만과 일산으로 장엄한 나무인, 이와 같은 나무들이 무성하고 그늘을 지어 궁전을 장엄한 것이다.

그 모든 궁전에 다시 아승지 난간장엄과 아승지 창호장엄과 아승지 문장엄과 아승지 누각장엄과 아승지 반달장엄과 아승지 휘장장엄이 있어서, 아승지 금그물이 그 위에 덮였고 아승지 향이 두루 널리 풍기며 아승지 옷이

엄　아승지반월장엄　아승지장장엄　　아
嚴과 阿僧祇半月莊嚴과 阿僧祇帳莊嚴하야 阿

승지금망　미부기상　　아승지향　주잡보
僧祇金網이 彌覆其上하고 阿僧祇香이 周帀普

훈　　아승지의　부포기지
熏하고 阿僧祇衣가 敷布其地하니라

불자　보살마하살　이여시등제공양구　　어
佛子야 菩薩摩訶薩이 以如是等諸供養具로 於

무량무수불가설불가설겁　정심존중　　공
無量無數不可說不可說劫에 淨心尊重하야 恭

경공양일체제불　항불퇴전　무유휴식
敬供養一切諸佛호대 恒不退轉하야 無有休息하며

그 땅에 펼쳐졌다.

불자들이여, 보살마하살이 이와 같은 등의 모든 공양구로, 한량없고 수없고 말할 수 없이 말할 수 없는 겁 동안에, 깨끗한 마음으로 일체 모든 부처님께 존중하고 공경하고 공양 올리되 항상 퇴전하지 아니하고 쉬지 아니하며, 한 분 한 분의 여래께서 멸도하신 뒤에는 있는 바 사리에도 다 또한 이와 같이 공경하고 공양올린다.

일체 중생으로 하여금 청정한 믿음을 내게

일일여래멸도지후　소유사리　실역여시공
一一如來滅度之後에 所有舍利도 悉亦如是恭

경공양
敬供養하나니라

위령일체중생　　생정신고　　일체중생　　　섭
爲令一切衆生으로 生淨信故며 一切衆生으로 攝

선근고　　일체중생　　　이제고고　　일체중생
善根故며 一切衆生으로 離諸苦故며 一切衆生으로

광대해고
廣大解故니라

일체중생　　이대장엄이장엄고　무량장엄
一切衆生으로 以大莊嚴而莊嚴故며 無量莊嚴으로

이장엄고　제유소작　득구경고　지제불흥
而莊嚴故며 諸有所作이 得究竟故며 知諸佛興이

난가치고
難可値故니라

하기 위한 까닭이며, 일체 중생이 선근을 거두어들이게 하기 위한 까닭이며, 일체 중생이 모든 고통을 여의게 하기 위한 까닭이며, 일체 중생이 광대하게 알게 하기 위한 까닭이다.

일체 중생이 큰 장엄으로써 장엄하게 하기 위한 까닭이며, 한량없는 장엄으로써 장엄하게 하기 위한 까닭이며, 모든 짓는 일이 구경에 이르게 하기 위한 까닭이며, 모든 부처님의 출현하심이 만나기 어려움을 알게 하기 위한 까닭이다.

여래의 한량없는 힘을 만족케 하기 위한 까닭이며, 부처님의 탑묘를 장엄하고 공양올리게 하기 위한 까닭이며, 일체 모든 부처님의

만족여래무량력고　장엄공양불탑묘고　주
滿足如來無量力故며 莊嚴供養佛塔廟故며 住

지일체제불법고
持一切諸佛法故니라

여시공양현재제불　급멸도후소유사리
如是供養現在諸佛과 及滅度後所有舍利하야

기제공양　어아승지겁　설불가진
其諸供養이 於阿僧祇劫에 說不可盡이니라

여시수집무량공덕　개위성숙일체중생
如是修集無量功德이 皆爲成熟一切衆生하야

무유퇴전　무유휴식　무유피염　무유집
無有退轉하며 無有休息하며 無有疲厭하며 無有執

법에 머물러 지니게 하기 위한 까닭이다.

이와 같이 현재 모든 부처님과 멸도하신 뒤에 있는 바 사리에 공양올리니, 그 모든 공양은 아승지겁 동안 말하여도 다할 수 없다.

이와 같이 한량없는 공덕을 닦아 모으는 것은 다 일체 중생을 성숙시키기 위한 것이니, 퇴전함이 없고 휴식도 없으며 피로해하거나 싫어함이 없으며 집착함도 없어서 모든 생각을 여의었으며 의지함이 없어서 의지할 바를 영원히 끊는다.

착   이제심상   무유의지   영절소의
著하야 離諸心想하며 無有依止하야 永絶所依하니라

원리어아   급이아소   여실법인   인제업
遠離於我와 及以我所하고 如實法印으로 印諸業

문   득법무생   주불소주   관무생성
門하며 得法無生하야 住佛所住하며 觀無生性하야

인제경계
印諸境界니라

제불호념   발심회향   여제법성   상
諸佛護念으로 發心迴向하나니 與諸法性으로 相

응회향   입무작법   성취소작방편회향
應迴向과 入無作法하야 成就所作方便迴向과

'나'와 '나의 것'을 멀리 여의고, 실제와 같은 법의 도장으로 모든 업의 문에 도장 찍으며, 법이 남이 없음을 얻어 부처님께서 머무르시는 데 머무르며, 남이 없는 성품을 관찰하여 모든 경계에 도장 찍는다.

모든 부처님의 호념으로 발심하여 회향하니 모든 법의 성품과 서로 응하는 회향이며, 지음이 없는 법에 들어가 짓는 바를 성취하는 방편 회향이며, 일체 모든 일에 집착하는 생각을 버려 여의게 하는 방편 회향이며, 한량

사리일체제사상착방편회향　주어무량선
捨離一切諸事想著方便迴向과　住於無量善

교회향　영출일체제유회향　수행제행
巧迴向과　永出一切諸有迴向과　修行諸行호대

부주어상선교회향
不住於相善巧迴向이니라

보섭일체선근회향　보정일체보살제행광
普攝一切善根迴向과　普淨一切菩薩諸行廣

대회향　발무상보리심회향　여일체선근동
大迴向과　發無上菩提心迴向과　與一切善根同

주회향　만족최상신해심회향
住迴向과　滿足最上信解心迴向이니라

없는 선교에 머무르는 회향이며, 일체 모든 유에서 영원히 벗어나는 회향이며, 모든 행을 수행하되 모양에 머무르지 않는 선교 회향이다.

일체 선근을 널리 거두는 회향이며, 일체 보살의 모든 행을 널리 청정하게 하는 광대한 회향이며, 위없는 보리심을 내는 회향이며, 일체 선근과 함께 머무르는 회향이며, 최상의 믿고 이해하는 마음을 만족하는 회향이다.

불자   보살마하살   이제선근   여시회향
佛子야 菩薩摩訶薩이 以諸善根으로 如是迴向

시   수수생사   이불개변   구일체지   미
時에 雖隨生死나 而不改變하며 求一切智호대 未

증퇴전   재어제유   심무동란
曾退轉하며 在於諸有호대 心無動亂하니라

실능도탈일체중생   불염유위법   불실무
悉能度脫一切衆生하며 不染有爲法하며 不失無

애지   보살행위   인연무진   세간제법
礙智하며 菩薩行位에 因緣無盡하며 世間諸法이

무능변동   구족청정제바라밀   실능성
無能變動하며 具足淸淨諸波羅蜜하며 悉能成

취일체지력
就一切智力하나니라

보살   여시이제치암   성보리심   개시
菩薩이 如是離諸癡暗하야 成菩提心하며 開示

불자들이여, 보살마하살이 모든 선근으로 이와 같이 회향할 때에 비록 생사를 따르지만 고쳐 바꾸지 않으며, 일체지를 구하되 일찍이 퇴전하지 않으며, 모든 유에 있으나 마음이 움직이거나 흔들리지 않는다.

일체 중생을 모두 능히 제도하여 해탈케 하며, 유위법에 물들지 아니하며, 걸림 없는 지혜를 잃지 아니하며, 보살의 수행하는 지위에 인연이 다함이 없으며, 세간의 모든 법으로 능히 변동하지 못하며, 청정한 모든 바라밀을 구족하며, 일체 지혜의 힘을 다 능히 성취한다.

보살이 이와 같이 모든 어리석음의 어둠을

광명　　　증장정법　　　회향승도　　　구족중
光明하야　增長淨法하며　迴向勝道하야　具足衆

행
行하니라

이청정의　　　선능분별　　　요일체법　　　실수심
以淸淨意로　善能分別하야　了一切法이　悉隨心

현　　　　지업여환　　　업보여상　　　제행여화
現하며　知業如幻하며　業報如像하며　諸行如化하며

인연생법　　　실개여향　　　보살제행　　　일체여
因緣生法이　悉皆如響하며　菩薩諸行이　一切如

영
影하니라

여의고 보리심을 이루며, 광명을 열어 보이고 청정한 법을 증장하며, 수승한 도에 회향하여 온갖 행을 구족한다.

청정한 뜻으로 잘 능히 분별하여 일체 법이 다 마음을 따라 나타남을 알며, 업은 환과 같고 업의 과보는 영상과 같고 모든 행은 환화와 같고 인연으로 생기는 법은 모두 다 메아리와 같고 보살의 모든 행은 일체가 그림자와 같음을 안다.

집착이 없는 청정한 법의 눈을 출생하여 지

출생무착청정법안　　견어무작광대경계
出生無著淸淨法眼하며　見於無作廣大境界하며

증적멸성　　요법무이　　득법실상　　구보살
證寂滅性하야　了法無二하야　得法實相하며　具菩薩

행　　어일체상　개무소착　　선능수행　　동
行하야　於一切相에　皆無所著하고　善能修行하야　同

사제업　　어백정법　항무폐사　　이일체착
事諸業하며　於白淨法에　恒無廢捨하야　離一切著하야

주무착행
住無著行이니라

보살　여시선교사유　　무유미혹　　불위제
菩薩이　如是善巧思惟하야　無有迷惑하야　不違諸

음이 없는 광대한 경계를 보며, 적멸한 성품을 증득하여 법에 두 가지가 없음을 알아 법의 실상을 얻으며, 보살의 행을 갖추어 일체 형상에 다 집착하는 일이 없으며, 잘 능히 수행하여 모든 업을 함께 지으며, 희고 깨끗한 법을 항상 폐하여 버리지 않으며, 일체 집착을 여의고 집착이 없는 행에 머무른다.

보살이 이와 같이 공교하게 사유하여 미혹이 없어서 모든 법을 어기지 아니하며, 업의 인을 깨뜨리지 아니하며, 진실한 것을 분명히 보아

법　　　불괴업인　　　명견진실　　　선교회향
法하고 不壞業因하며 明見眞實하야 善巧迴向하며

지법자성　　　이방편력　　　성취업보　　　도어
知法自性하야 以方便力으로 成就業報하야 到於

피안
彼岸하니라

지혜관찰일체제법　　　획신통지　　　제업선
智慧觀察一切諸法하야 獲神通智하며 諸業善

근　무작이행　　　수심자재
根을 無作而行하야 隨心自在하나니라

보살마하살　이제선근　　　여시회향　위욕
菩薩摩訶薩이 以諸善根으로 如是迴向은 爲欲

공교하게 회향하며, 법의 자성을 알고 방편의 힘으로 업의 과보를 성취하여 저 언덕에 이른다.

지혜로 일체 모든 법을 관찰하여 신통의 지혜를 얻고, 모든 업의 선근을 지음 없이 행하되 마음을 따라 자재한다.

보살마하살이 모든 선근으로 이와 같이 회향하는 것은 일체 중생을 제도해 해탈케 하여 부처님의 종자를 끊지 않고, 마군의 업을 영원히 여의며, 일체 지혜가 끝이 없음을 보아 믿

도탈일체중생　부단불종　　영리마업
度脫一切衆生하야 不斷佛種하고 永離魔業하며

견일체지　무유변제　　신락불사　이세경
見一切智가 無有邊際하야 信樂不捨하며 離世境

계　　단제잡염
界하야 斷諸雜染하니라

역원중생　득청정지　　입심방편　출생사
亦願衆生이 得淸淨智하며 入深方便하야 出生死

법　　획불선근　　영단일체제마사업　　이
法하며 獲佛善根하야 永斷一切諸魔事業하며 以

평등인　보인제업　발심취입일체종지
平等印으로 普印諸業하며 發心趣入一切種智하며

성취일체출세간법
成就一切出世間法이니라

불자　시위보살마하살　제이불괴회향
佛子야 是爲菩薩摩訶薩의 第二不壞迴向이니라

고 즐겨하여 버리지 아니하며, 세간의 경계를 떠나서 모든 섞이어 물듦을 끊고자 하기 위함이다.

또한 중생들이 청정한 지혜를 얻어 깊은 방편에 들어가며, 생사의 법에서 벗어나 부처님의 선근을 얻으며, 일체 모든 마군의 사업을 영원히 끊으며, 평등한 도장으로 널리 모든 업에 도장 찍으며, 마음을 내어 일체종지에 들어가서 일체 출세간법을 성취하기를 원하는 것이다.

불자들이여, 이것이 보살마하살의 둘째 깨뜨릴 수 없는 회향이다.

보살마하살 주차회향시 득견일체무수제
菩薩摩訶薩이 住此迴向時에 得見一切無數諸

불 성취무량청정묘법 보어중생 득평
佛하고 成就無量清淨妙法하야 普於衆生에 得平

등심 어일체법 무유의혹 일체제불신
等心하고 於一切法에 無有疑惑하며 一切諸佛神

력소가 항복중마 영리기업
力所加로 降伏衆魔하야 永離其業하니라

성취생귀 만보리심 득무애지 불유
成就生貴하야 滿菩提心하며 得無礙智호대 不由

타해 선능개천일체법의 능수상력 입
他解하며 善能開闡一切法義하며 能隨想力하야 入

일체찰 보조중생 실사청정
一切刹하야 普照衆生하야 悉使清淨하나니라

보살마하살 이차불괴회향지력 섭제선
菩薩摩訶薩이 以此不壞迴向之力으로 攝諸善

보살마하살이 이 회향에 머무르는 때에 일체 수없는 모든 부처님을 친견하고 한량없이 청정하고 묘한 법을 성취하여 널리 중생들에게 평등한 마음을 얻고, 일체 법에 의혹이 없으며, 일체 모든 부처님 위신력의 가피를 입어 온갖 마군을 항복받아 그 업을 영원히 여읜다.

귀한 데 태어남을 성취하여 보리심을 만족하며, 걸림 없는 지혜를 얻되 다른 이의 이해를 말미암지 않으며, 일체 법과 뜻을 잘 능히 열어 보이며, 능히 생각하는 힘을 따라 일체 세계에 들어가며, 중생들을 널리 비추어 다 청정하게 한다.

근　　여시회향
根하야 如是迴向이니라

이시　　금강당보살　　관찰시방　　　승불신
爾時에 金剛幢菩薩이 觀察十方하사 承佛神

력　　즉설송언
力하고 卽說頌言하시나라

보살마하살이 이 깨뜨릴 수 없는 회향의 힘
으로 모든 선근을 거두어 이와 같이 회향한
다."

그때에 금강당 보살이 시방을 관찰하고 부처
님의 위신력을 받들어 곧 게송을 설하여 말씀
하였다.

보살이득불괴의
菩薩已得不壞意하야

수행일체제선업
修行一切諸善業일새

시고능령불환희
是故能令佛歡喜니

지자이차이회향
智者以此而迴向이로다

공양무량무변불
供養無量無邊佛하야

보시지계복제근
布施持戒伏諸根하고

위욕이익제중생
爲欲利益諸衆生하야

보사일체개청정
普使一切皆淸淨이로다

일체상묘제향화
一切上妙諸香華와

무량차별승의복
無量差別勝衣服과

보개급이장엄구
寶蓋及以莊嚴具로

공양일체제여래
供養一切諸如來로다

보살이 이미 깨뜨릴 수 없는 뜻을 얻어

일체의 모든 선한 업을 닦아 행함이라

그러므로 부처님께서 환희하시게 하니

지혜있는 자들은 이로써 회향하도다.

한량없고 가없는 부처님께 공양올리며

보시와 지계로 모든 근을 조복하고

모든 중생들을 이익케 하여

널리 일체로 하여금 다 청정케 하려 하도다.

일체 가장 미묘한 모든 향과 꽃과

한량없이 차별한 수승한 의복과

보배 일산과 장엄구로써

일체 모든 여래께 공양올리도다.

여시공양어제불
如是供養於諸佛을

무량무수난사겁
無量無數難思劫호대

공경존중상환희
恭敬尊重常歡喜하야

미증일념생피염
未曾一念生疲厭이로다

전심상념어제불
專心想念於諸佛

일체세간대명등
一切世間大明燈하니

시방소유제여래
十方所有諸如來가

미불현전여목도
靡不現前如目覩로다

불가사의무량겁
不可思議無量劫에

종종보시심무염
種種布施心無厭하며

백천만억중겁중
百千萬億衆劫中에

수제선법실여시
修諸善法悉如是로다

이와 같이 모든 부처님께 공양올리기를
한량없고 수없고 사의하기 어려운 겁 동안 하더라도
공경하고 존중하고 항상 환희하여
일찍이 한 생각도 피로하거나 싫어함을 내지 않도다.

전심으로 일체 세간의 크고 밝은 등불이신
모든 부처님을 생각하니
시방에 계시는 모든 여래께서 현전하시어
눈으로 본 것과 같지 않음이 없도다.

불가사의한 한량없는 겁에
갖가지로 보시하되 마음에 싫어함이 없으며
백천만억 많은 겁 동안에
모든 선법을 닦음도 다 이와 같도다.

피제여래멸도이
彼諸如來滅度已에

공양사리무염족
供養舍利無厭足하야

실이종종묘장엄
悉以種種妙莊嚴으로

건립난사중탑묘
建立難思衆塔廟로다

조립무등최승형
造立無等最勝形하야

보장정금위장엄
寶藏淨金爲莊嚴하니

외외고대여산왕
巍巍高大如山王이라

기수무량백천억
其數無量百千億이로다

정심존중공양이
淨心尊重供養已에

부생환희이익의
復生歡喜利益意하고

부사의겁처세간
不思議劫處世間하야

구호중생영해탈
救護衆生令解脫이로다

저 모든 여래께서 멸도하신 뒤
사리에 공양올리고 만족해 싫어함이 없어
모두 갖가지 미묘한 장엄으로써
사의하기 어려운 온갖 탑묘를 건립하도다.

같을 이 없는 가장 수승한 형상을 조성하여
보석 박힌 깨끗한 금으로 장엄하니
매우 높고 커서 수미산왕과 같고
그 수효는 한량없는 백천억이로다.

청정한 마음으로 존중하여 공양올리고는
다시 환희하고 이익케 할 생각을 내어
부사의한 겁 동안 세간에 살면서
중생들을 구호하여 해탈케 하도다.

요지중생개망상
了知衆生皆妄想하야

어피일체무분별
於彼一切無分別호대

이능선별중생근
而能善別衆生根하야

보위군생작요익
普爲群生作饒益이로다

보살수집제공덕
菩薩修集諸功德이

광대최승무여비
廣大最勝無與比라

요달체성실비유
了達體性悉非有하고

여시결정개회향
如是決定皆迴向이로다

이최승지관제법
以最勝智觀諸法하니

기중무유일법생
其中無有一法生이라

여시방편수회향
如是方便修迴向이여

공덕무량불가진
功德無量不可盡이로다

중생들이 다 망상인 줄 분명히 알고
저 일체에 분별이 없지만
능히 중생들의 근기를 잘 분별하여
널리 군생들을 위하여 요익을 짓도다.

보살이 모든 공덕을 닦아 모으니
넓고 크고 가장 수승하여 견줄 수 없으나
체성이 다 있지 않음을 요달하고
이와 같이 결정하여 모두 회향하도다.

가장 수승한 지혜로 모든 법을 관찰하니
그 가운데 한 법도 생겨남이 없음이라
이와 같은 방편으로 회향을 닦으니
공덕이 한량없고 다함이 없도다.

이시방편영심정
以是方便令心淨하야

실여일체여래등
悉與一切如來等하니

차방편력불가진
此方便力不可盡일새

시고복보무진극
是故福報無盡極이로다

발기무상보리심
發起無上菩提心하야

일체세간무소의
一切世間無所依라

보지시방제세계
普至十方諸世界호대

이어일체무소애
而於一切無所礙로다

일체여래출세간
一切如來出世間은

위욕계도중생심
爲欲啓導衆生心이시니

여기심성이관찰
如其心性而觀察하야

필경추구불가득
畢竟推求不可得이로다

이러한 방편으로 마음을 깨끗하게 하여
다 일체 여래와 더불어 평등하니
이러한 방편의 힘은 다하지 않아
그러므로 복의 과보도 끝까지 다함이 없도다.

위없는 보리심을 일으켜서
일체 세간에 의지할 것이 없으니
시방의 모든 세계에 널리 이르러도
일체에 걸리는 바가 없도다.

일체 여래께서 세간에 출현하신 것은
중생 마음을 열어서 인도하려 하심이니
그 마음 성품과 같이 관찰하면
끝까지 추구해도 얻을 수 없도다.

일체제법무유여
一切諸法無有餘하야

실입어여무체성
悉入於如無體性이라

이시정안이회향
以是淨眼而迴向하야

개피세간생사옥
開彼世間生死獄이로다

수령제유실청정
雖令諸有悉淸淨이나

역불분별어제유
亦不分別於諸有하며

지제유성무소유
知諸有性無所有니

이령환희의청정
而令歡喜意淸淨이로다

어일불토무소의
於一佛土無所依하고

일체불토실여시
一切佛土悉如是하며

역불염착유위법
亦不染著有爲法하야

지피법성무의처
知彼法性無依處로다

일체 모든 법은 남음이 없이
진여에 다 들어가 체성이 없으니
이 청정한 눈으로 회향하여서
저 세간의 생사감옥을 열도다.

비록 모든 존재로 하여금 다 청정케 하지만
또한 모든 존재를 분별하지 아니하며
모든 존재의 성품이 있는 바 없음을 알아서
환희하며 뜻이 청정하게 하도다.

한 부처님 국토에 의지하는 바 없고
일체 부처님 국토에도 다 이와 같으며
또한 유위법에도 물들지 아니하여
저 법성이 의지할 곳 없음을 알도다.

이시수성일체지
以是修成一切智하야

이시무상지장엄
以是無上智莊嚴일새

이시제불개환희
以是諸佛皆歡喜시니

시위보살회향업
是爲菩薩迴向業이로다

보살전심념제불
菩薩專心念諸佛의

무상지혜교방편
無上智慧巧方便하고

여불일체무소의
如佛一切無所依하야

원아수성차공덕
願我修成此功德이로다

전심구호어일체
專心救護於一切하야

영기원리중악업
令其遠離衆惡業하나니

여시요익제군생
如是饒益諸群生을

계념사유미증사
繫念思惟未曾捨로다

이것으로 일체지를 닦아 이루며

이것으로 위없는 지혜를 장엄하며

이것으로 모든 부처님께서 다 환희하시니

이것이 보살들의 회향하는 업이로다.

보살이 전심으로 모든 부처님의

위없는 지혜와 공교한 방편을 생각하고

부처님께서 일체에 의지하시는 바가 없듯이

나도 이 공덕을 닦아 이루기를 원하도다.

전심으로 일체를 구호하여

그로 하여금 온갖 악업을 멀리 여의게 하니

이와 같이 모든 군생들을 요익하게 하려고

뜻을 두어 사유하고 일찍이 버리지 않도다.

주어지지수호법
住於智地守護法하야

불이여승취열반
不以餘乘取涅槃하고

유원득불무상도
唯願得佛無上道하나니

보살여시선회향
菩薩如是善迴向이로다

불취중생소언설
不取衆生所言說과

일체유위허망사
一切有爲虛妄事하나니

수부불의언어도
雖復不依言語道나

역부불착무언설
亦復不著無言說이로다

시방소유제여래
十方所有諸如來가

요달제법무유여
了達諸法無有餘하시니

수지일체개공적
雖知一切皆空寂이나

이불어공기심념
而不於空起心念이로다

지혜의 지위에 머물러 법을 수호하며
다른 수레로 열반을 취하지 않고
오직 부처님의 위없는 도를 얻기 원하니
보살이 이와 같이 잘 회향하도다.

중생들의 하는 말과
일체 유위의 허망한 일을 취하지 아니하여
비록 다시 언어의 길을 의지하지 않으나
또한 다시 말이 없는 것에도 집착하지 않도다.

시방에 계시는 모든 여래께서
모든 법을 남김없이 요달하시니
비록 일체가 다 공적함을 아시지만
공에 마음을 일으키지 않으시도다.

이일장엄엄일체
以一莊嚴嚴一切호대

역불어법생분별
亦不於法生分別이라

여시개오제군생
如是開悟諸群生하야

일체무성무소관
一切無性無所觀이로다

한 장엄으로 일체를 장엄하되
또한 법에 분별을 내지 않으니
이와 같이 모든 군생들을 깨우치나
일체가 성품이 없고 관할 바도 없도다.

불자 운하위보살마하살 등일체불회향
佛子야 云何爲菩薩摩訶薩의 等一切佛迴向고

불자 차보살마하살 수순수학거래현재제
佛子야 此菩薩摩訶薩이 隨順修學去來現在諸

불세존 회향지도
佛世尊의 迴向之道하나니라

여시수학회향도시 견일체색 내지촉법
如是修學迴向道時에 見一切色과 乃至觸法의

약미약오 불생애증 심득자재 무제
若美若惡호대 不生愛憎하야 心得自在하며 無諸

과실 광대청정 환희열락 이제우뇌
過失하야 廣大淸淨하며 歡喜悅樂하야 離諸憂惱하며

"불자들이여, 무엇을 보살마하살의 일체 부처님과 평등한 회향이라 하는가?

불자들이여, 이 보살마하살이 과거와 미래와 현재의 모든 부처님 세존의 회향하는 도를 따라서 닦고 배운다.

이와 같이 회향하는 도를 닦고 배울 때에 일체 색과 내지 촉과 법의 아름답거나 추악함을 보더라도 사랑하고 미워함을 내지 아니하여 마음이 자재함을 얻어서 모든 허물이 없으며, 넓고 크고 청정하며, 환희하고 즐거워서 모든

심의유연　　제근청량
心意柔輭하야 **諸根清涼**이니라

불자　　보살마하살　　획득여시안락지시
佛子야 **菩薩摩訶薩**이 **獲得如是安樂之時**에

부갱발심　　회향제불　　작여시념　　　원
復更發心하야 **迴向諸佛**하야 **作如是念**호대 **願**

이아금소종선근　　영제불락　　전갱증
以我今所種善根으로 **令諸佛樂**으로 **轉更增**

승
勝이니라

소위불가사의불소주락　　무유등비불삼매
所謂不可思議佛所住樂과 **無有等比佛三昧**

근심과 번뇌를 여의며, 마음이 부드럽고 모든 근이 청량해진다.

불자들이여, 보살마하살이 이와 같은 안락함을 얻었을 때에 또 다시 마음을 내어 모든 부처님께 회향하여 이와 같은 생각을 하되 '원하오니 내가 지금 심은 선근으로써 모든 부처님의 즐거움이 점점 다시 더욱 수승하게 하여지이다.' 라고 한다.

이른바 불가사의한 부처님의 머무르시는 바 즐거움과, 같이 견줄 수 없는 부처님 삼매의

락 　불가한량대자비락 　일체제불해탈지
樂과 不可限量大慈悲樂과 一切諸佛解脫之

락 　무유변제대신통락
樂과 無有邊際大神通樂이니라

최극존중대자재락 　광대구경무량력락 　이
最極尊重大自在樂과 廣大究竟無量力樂과 離

제 지각적정지락 　주무애주항정정락 　행무
諸知覺寂靜之樂과 住無礙住恒正定樂과 行無

이 행불변이락
二行不變異樂이니라

불자 　보살마하살 　이제선근 　회향불이
佛子야 菩薩摩訶薩이 以諸善根으로 迴向佛已코

즐거움과, 한량할 수 없는 대자비의 즐거움과, 일체 모든 부처님의 해탈의 즐거움과, 끝이 없는 큰 신통의 즐거움이다.

가장 지극하고 존중하며 크게 자재한 즐거움과, 광대하고 끝까지 이르는 한량없는 힘의 즐거움과, 모든 알고 느끼는 것을 여읜 적정한 즐거움과, 걸림 없는 머무름에 머무르는 언제나 바른 선정의 즐거움과, 둘이 없는 행을 행하여 변해 달라지지 않는 즐거움이다.

불자들이여, 보살마하살이 모든 선근으로 부

부이차선근　　회향보살
復以此善根으로 迴向菩薩하나니라

소위원미만자　　영득원만　　심미정자
所謂願未滿者로 令得圓滿하며 心未淨者로

영득청정　　제바라밀미만족자　　영득만
令得淸淨하며 諸波羅蜜未滿足者로 令得滿

족
足하나니라

안주금강보리지심　　어일체지　　득불퇴전
安住金剛菩提之心하며 於一切智에 得不退轉하며

불사대정진　　수호보리문일체선근
不捨大精進하야 守護菩提門一切善根하나니라

능령중생　　사리아만　　발보리심　　소원
能令衆生으로 捨離我慢하고 發菩提心하며 所願

성만　　안주일체보살소주　　획득보살명
成滿하야 安住一切菩薩所住하며 獲得菩薩明

처님께 회향하고는 다시 이 선근으로 보살에게 회향한다.

이른바 원이 원만하지 못한 자는 원만함을 얻게 하며, 마음이 청정하지 못한 자는 청정함을 얻게 하며, 모든 바라밀이 만족하지 못한 자는 만족함을 얻게 한다.

금강과 같은 보리심에 편안히 머무르며, 일체지에서 퇴전하지 않음을 얻으며, 크게 정진함을 버리지 아니하여 보리문의 일체 선근을 수호한다.

능히 중생들로 하여금 아만을 버려 여의고 보리심을 내게 하며, 소원을 성취하여 일체 보살의 머무르는 바에 편안히 머무르게 하며, 보

리제근　　수습선근　　증살바야
利諸根하며 修習善根하야 證薩婆若니라

불자　보살마하살　이제선근　　여시회향
佛子야 菩薩摩訶薩이 以諸善根으로 如是迴向

보살이　　부이회향일체중생　　원일체중
菩薩已하고 復以迴向一切衆生호대 願一切衆

생　소유선근　내지극소　　일탄지경　　견
生의 所有善根이 乃至極少하야 一彈指頃을 見

불문법　　공경성승
佛聞法하고 恭敬聖僧이니라

피제선근　개리장애　　염불원만　　염법방
彼諸善根이 皆離障礙하야 念佛圓滿하며 念法方

살의 밝고 영리한 모든 근을 얻게 하며, 선근

을 닦아 익혀 살바야를 증득하게 한다.

불자들이여, 보살마하살이 모든 선근으로 이

와 같이 보살에게 회향하고는 다시 일체 중생

에게 회향하되 '원하오니 일체 중생에게 있는

바 선근이 내지 극히 적더라도 손가락 한 번

튕기는 동안에 부처님을 친견하고 법을 들으며

성스러운 스님을 공경하여지이다.' 라고 한다.

저 모든 선근이 모두 장애를 여의어서 부처

님의 원만하심을 생각하며, 법의 방편을 생각

편　　　염승존중　　　불리견불　　　심득청정
便하며 念僧尊重하며 不離見佛하야 心得淸淨하며

획제불법　　　집무량덕　　　정제신통　　　사법
獲諸佛法하야 集無量德하며 淨諸神通하야 捨法

의념　　　의교이주
疑念하고 依敎而住니라

여위중생여시회향　　　위성문벽지불회향
如爲衆生如是迴向하야 爲聲聞辟支佛迴向도

역부여시
亦復如是니라

하며, 스님의 존중함을 생각하며, 부처님 친견함을 떠나지 아니하여 마음이 청정함을 얻고, 모든 부처님의 법을 얻어 한량없는 덕을 모으며, 모든 신통을 깨끗이 하여 법에 대한 의심을 버리고 가르침을 의지하여 머무른다.

중생을 위하여 이와 같이 회향하듯이 성문과 벽지불을 위하여 회향함도 또한 다시 이와 같다.

우원일체중생　　영리지옥아귀축생　　염라왕
又願一切衆生이 永離地獄餓鬼畜生과 閻羅王

등일체악처　　증장무상보리지심　　전의
等一切惡處하고 增長無上菩提之心하야 專意

근구일체종지　　영불훼방제불정법　　득
勤求一切種智하며 永不毀謗諸佛正法하고 得

불안락　　신심청정　　증일체지
佛安樂하야 身心淸淨하야 證一切智니라

불자　보살마하살　소유선근　개이대원
佛子야 菩薩摩訶薩의 所有善根이 皆以大願으로

발기정발기　　적집정적집　　증장정증장
發起正發起하며 積集正積集하며 增長正增長하야

또 일체 중생이 지옥과 아귀와 축생과 염라 왕 등의 일체 악한 곳을 영원히 여의고 위없 는 보리심을 증장하며, 오롯한 뜻으로 일체종 지를 부지런히 구하며, 모든 부처님의 바른 법 을 길이 훼방하지 아니하며, 부처님의 안락을 얻고 몸과 마음이 청정하여 일체지를 증득하 기를 원한다.

불자들이여, 보살마하살의 있는 바 선근은 모두 큰 서원으로 일으키되 바르게 일으키며, 모으되 바르게 모으며, 증장하되 바르게 증장

실령광대　　구족충만
悉令廣大하야 具足充滿이니라

불자　보살마하살　재가택중　　여처자구
佛子야 菩薩摩訶薩이 在家宅中하야 與妻子俱호대

미증잠사보리지심　　정념사유살바야경
未曾暫捨菩提之心하고 正念思惟薩婆若境하야

자도도피　　영득구경　　이선방편　　화기
自度度彼하야 令得究竟하며 以善方便으로 化己

권속　　영입보살지　　영성숙해탈
眷屬하야 令入菩薩智하야 令成熟解脫하나라

수여동지　심무소착　　이본대비　처어거
雖與同止나 心無所著하며 以本大悲로 處於居

가　　이자심고　수순처자　어보살청정도
家하야 以慈心故로 隨順妻子나 於菩薩淸淨道에

무소장애
無所障礙하나라

하여 다 넓고 크며 구족하고 충만하게 한다.

불자들이여, 보살마하살이 집에 있어 처자와 함께 살지만, 일찍이 보리심을 잠시도 버리지 아니하고, 바른 생각으로 살바야의 경계를 사유하여 자기도 제도하고 남도 제도하여 끝까지 이르게 하며, 좋은 방편으로 자기의 권속을 교화하여 보살의 지혜에 들게 하여 성숙해서 해탈케 한다.

비록 더불어 함께 있으나 마음에 집착하는 바가 없고, 본래의 대비로 집에서 살고, 인자한 마음으로 처자를 수순하지만 보살의 청정한 도에는 장애가 없다.

보살마하살　　수재거가　　작제사업　　미증
菩薩摩訶薩이 雖在居家하야 作諸事業이나 未曾

잠사일체지심
暫捨一切智心하나니라

소위약착의상　　약담자미　　약복탕약　　조수
所謂若著衣裳과 若噉滋味와 若服湯藥과 澡漱

도마　　회선고시　　행주좌와　　신어의업　　약
塗摩와 迴旋顧視와 行住坐臥와 身語意業과 若

수약오　　　여시일체제유소작　　심상회향살
睡若寤하는 如是一切諸有所作에 心常迴向薩

바야도　　계념사유　　무시사리
婆若道하야 繫念思惟하야 無時捨離하나니라

보살마하살이 비록 집에 있어 모든 사업을 하지만 일찍이 잠깐도 일체 지혜의 마음을 버리지 아니한다.

이른바 옷을 입거나, 맛난 음식을 먹거나, 탕약을 복용하거나, 세수하고 양치하고 바르고 만지거나, 몸을 돌리거나 돌아보거나, 가고 서고 앉고 눕거나, 몸과 말과 뜻의 업이거나, 자거나 깨거나 하는, 이와 같은 일체 모든 짓는 바가 있음에도 마음은 항상 살바야의 도에 회향하여 생각을 두고 사유하여 잠시도 버려 여의지 않는다.

위욕요익일체중생　　안주보리무량대원
爲欲饒益一切衆生하야 安住菩提無量大願하며

섭취무수광대선근　　근수제선　　보구일
攝取無數廣大善根하야 勤修諸善하야 普救一

체　　영리일체교만방일　　결정취어일체
切하며 永離一切憍慢放逸하며 決定趣於一切

지지
智地하니라

종불발의　　향어여도　　상관일체제불보
終不發意하야 向於餘道하며 常觀一切諸佛菩

리　　영사일체제잡염법　　수행일체보살
提하며 永捨一切諸雜染法하며 修行一切菩薩

소학
所學하니라

어일체지도　무소장애　　주어지지　애락
於一切智道에 無所障礙하며 住於智地하야 愛樂

일체 중생을 요익케 하기 위하여 보리의 한량없는 대원에 편안히 머무르며, 수없이 광대한 선근을 거두어 지니며, 모든 선을 부지런히 닦아 널리 일체를 구호하되 일체 교만과 방일을 길이 여의고 결정코 일체지의 지위에 나아간다.

마침내 다른 길에 향할 생각을 내지 아니하고 항상 일체 모든 부처님의 보리를 관하며, 일체 모든 잡되고 물드는 법을 길이 버리고 일체 보살이 배우는 것을 닦아 행한다.

일체지의 도에 걸리는 바가 없으며, 지혜의 지위에 머물러 즐기고 좋아하여 외우고 익히

송습　　이무량지　집제선근　　심불연낙일
誦習하며 以無量智로 集諸善根하며 心不戀樂一

체세간　　　역불염착소행지행　　　전심수지
切世間하고 亦不染著所行之行하야 專心受持

제불교법
諸佛敎法하나니라

보살　　여시처재거가　　보섭선근　　　영기증
菩薩이 如是處在居家에 普攝善根하야 令其增

장　　　회향제불무상보리
長하야 迴向諸佛無上菩提니라

불자　보살　이시　내지시여축생지식　일
佛子야 菩薩이 爾時에 乃至施與畜生之食을 一

며, 한량없는 지혜로 모든 선근을 모으며, 마음은 일체 세간을 그리워하지 아니하고 또한 행하는 행에 물들거나 집착하지도 아니하며, 오롯한 마음으로 모든 부처님께서 가르치신 법을 받아 지닌다.

보살이 이와 같이 집에 머물러 살면서 선근을 널리 거두어 그것을 증장케 하여 모든 부처님의 위없는 보리에 회향한다.

불자들이여, 보살이 그때에 축생에게까지 한 덩이의 밥과 한 톨의 곡식을 주더라도 다 이러

단일립　　함작시원
搏一粒이라도 咸作是願하니라

당령차등　　사축생도　　이익안락　　구경
當令此等으로 捨畜生道하고 利益安樂하야 究竟

해탈　　영도고해　　영멸고수　　영제고
解脫하야 永度苦海하며 永滅苦受하며 永除苦

온　　영단고각　　고취고행　　고인고본　급
蘊하며 永斷苦覺하며 苦聚苦行과 苦因苦本과 及

제고처　원피중생　개득사리
諸苦處를 願彼衆生이 皆得捨離니라

보살　여시전심계념일체중생　이피선근
菩薩이 如是專心繫念一切衆生하야 以彼善根으로

이위상수　위기회향일체종지
而爲上首하야 爲其迴向一切種智니라

한 서원을 세운다.

'마땅히 이들로 하여금 축생의 길을 버리고 이익하고 안락하여 마침내는 해탈케 하되 고통바다를 영원히 건너며, 괴로움의 느낌을 영원히 멸하며, 괴로움의 쌓임을 영원히 없애며, 괴로움의 감각을 영원히 끊으며, 괴로움의 무더기와 괴로움의 행과 괴로움의 인과 괴로움의 근본과 그리고 모든 괴로운 곳을 저 중생들이 모두 버려 여의기를 원한다.'

보살이 이와 같이 오롯한 마음으로 생각을 일체 중생에게 두고, 저 선근으로써 상수가 되어 그들을 위하여 일체종지에 회향한다.

보살　초발보리지심　보섭중생　수제선
菩薩이 初發菩提之心에 普攝衆生하야 修諸善

근　실이회향　욕령영리생사광야　득제
根하야 悉以迴向은 欲令永離生死曠野하고 得諸

여래무애쾌락
如來無礙快樂이니라

출번뇌해　수불법도　자심변만　비력
出煩惱海하고 修佛法道하며 慈心徧滿하고 悲力

광대　보사일체　득청정락
廣大하야 普使一切로 得清淨樂이니라

수호선근　친근불법　출마경계　입불
守護善根하고 親近佛法하며 出魔境界하고 入佛

경계　단세간종　식여래종　주어삼세
境界하며 斷世間種하고 植如來種하며 住於三世

평등법중
平等法中이니라

보살이 처음 보리심을 내면서부터 중생들을 널리 거두어 모든 선근을 닦아 다 회향하는 것은 나고 죽음의 광야를 영원히 여의고 모든 여래의 걸림 없는 쾌락을 얻게 하려 함이다.

번뇌의 바다에서 벗어나 불법의 도를 닦게 하며, 인자한 마음이 두루 가득하고 가없이 여기는 힘이 광대하여 널리 일체로 하여금 청정한 낙을 얻게 하려 함이다.

선근을 수호하고 불법을 친근하게 하며, 마군의 경계에서 벗어나 부처님의 경계에 들게 하며, 세간의 종자를 끊고 여래의 종자를 심으며, 삼세의 평등한 법에 머무르게 하려 함이다.

보살마하살   여시소유이집당집현집선근
菩薩摩訶薩이 如是所有已集當集現集善根으로

실이회향
悉以迴向이니라

부작시념   여과거제불보살소행   공경공
復作是念호대 如過去諸佛菩薩所行이 恭敬供

양일체제불   도제중생   영영출리   근
養一切諸佛하며 度諸衆生하야 令永出離하며 勤

가수습일체선근   실이회향   이무소
加修習一切善根하며 悉以迴向하야 而無所

착
著하시니라

보살마하살이 이와 같이 있는 바, 이미 모았고 장차 모을 것이고 현재 모으는 선근을 모두 회향한다.

다시 이 생각을 하기를 '과거 모든 부처님과 보살들이 행하신 바와 같이 일체 모든 부처님께 공경하고 공양올린 것은, 모든 중생들을 제도하여 영원히 벗어나 여의게 하고, 부지런히 일체 선근을 더욱 닦아 익혀서 다 회향하되 집착하는 바가 없다.

이른바 색을 의지하지 않고, 느낌에 집착하

소위불의색　　불착수　　무도상　　부작
所謂不依色하고 不著受하고 無倒想하고 不作

행　　불취식　　사리육처　　부주세법　　낙
行하고 不取識하며 捨離六處하며 不住世法하며 樂

출세간
出世間하니라

지일체법　　개여허공　　무소종래　　불생불
知一切法이 皆如虛空하야 無所從來며 不生不

멸　　무유진실　　무소염착　　원리일체제
滅이며 無有眞實이며 無所染著하야 遠離一切諸

분별견　　부동부전　　불실불괴　　주어실
分別見하야 不動不轉하며 不失不壞하며 住於實

제　　무상이상　　유시일상
際하사 無相離相하야 唯是一相이라

여시심입일체법성　　상락습행보문선근
如是深入一切法性하야 常樂習行普門善根하사

지 않고, 전도된 생각이 없고, 행을 짓지 아니하고, 식을 취하지 아니하며, 육처를 버리고 떠나며, 세간법에 머무르지 아니하고, 출세간을 즐겨한다.

일체 법이 다 허공과 같아서 좇아 온 곳이 없으며, 나지도 않고 멸하지도 않으며, 진실함도 없고 물들고 집착한 바도 없음을 알아서 일체 모든 분별하는 소견을 멀리 여의어 움직이지도 않고 바뀌지도 않으며, 잃지도 않고 무너지지도 않으며, 실제에 머물러서 모양도 없고 모양을 여의어서 오직 한 모양일 뿐이다.' 라고 한다.

실견일체제불중회
悉見一切諸佛衆會하시나니라

여피과거일체여래　선근회향　　아역여시
如彼過去一切如來의 善根迴向하야 我亦如是

이위회향　　해여시법　　증여시법　　의여
而爲迴向이니 解如是法하며 證如是法하며 依如

시법　　발심수습　　불위법상
是法하야 發心修習호대 不違法相하나라

지소수행　여환여영　　여수중월　　여경중
知所修行이 如幻如影하며 如水中月하며 如鏡中

상　　인연화합지소현현　　내지여래구경
像이라 因緣和合之所顯現하야 乃至如來究竟

이와 같이 일체 법의 성품에 깊이 들어가고 넓은 문의 선근을 항상 즐겁게 익히고 행하여 일체 모든 부처님의 대중모임을 모두 본다.

저 과거 일체 여래께서 선근으로 회향하신 것처럼 나도 또한 이와 같이 회향하니, 이와 같은 법을 알며, 이와 같은 법을 증득하며, 이와 같은 법을 의지하여 발심해서 닦고 익히되 법의 모양을 어기지 아니한다.

닦는 행이 환과 같으며, 그림자와 같으며, 물 속의 달과 같으며, 거울 속의 영상과 같아서

지 지
之地니라

불자　보살마하살　부작시념　　여과거제
佛子야 **菩薩摩訶薩**이 **復作是念**호대 **如過去諸**

불　수보살행시　이제선근　　여시회향
佛이 **修菩薩行時**에 **以諸善根**으로 **如是迴向**하야

미래현재　실역여시
未來現在도 **悉亦如是**하시니라

아금역응여피제불　　여시발심　　이제선
我今亦應如彼諸佛하야 **如是發心**하야 **以諸善**

근　　이위회향
根으로 **而爲迴向**이니라

인과 연이 화합하여 나타나는 것임을 알며, 이에 여래의 구경의 지위에 이른다.

불자들이여, 보살마하살이 다시 이렇게 생각하기를 '과거의 모든 부처님께서 보살행을 닦으실 때에 모든 선근으로써 이와 같이 회향하신 것처럼 미래와 현재도 다 또한 이와 같이 하신다.

나도 이제 또한 마땅히 저 모든 부처님처럼 이와 같이 발심하여 모든 선근으로써 회향한다.

제일회향 승회향   최승회향   상회향   무
第一迴向과 勝迴向과 最勝迴向과 上迴向과 無

상회향   무등회향   무등등회향   무비회향
上迴向과 無等迴向과 無等等迴向과 無比迴向과

무대회향
無對迴向이니라

존회향   묘회향   평등회향   정직회향   대
尊迴向과 妙迴向과 平等迴向과 正直迴向과 大

공덕회향   광대회향   선회향   청정회향
功德迴向과 廣大迴向과 善迴向과 淸淨迴向과

이악회향   불수악회향
離惡迴向과 不隨惡迴向이니라

제일가는 회향이며, 수승한 회향이며, 가장 수승한 회향이며, 위가 되는 회향이며, 위없는 회향이며, 같음이 없는 회향이며, 같음이 없으면서 같은 회향이며, 견줄 이 없는 회향이며, 대적할 이 없는 회향이다.

존중한 회향이며, 미묘한 회향이며, 평등한 회향이며, 정직한 회향이며, 큰 공덕 회향이며, 광대한 회향이며, 선한 회향이며, 청정한 회향이며, 악을 여읜 회향이며, 악을 따르지 않는 회향이다.' 라고 한다.

보살 여시이제선근 정회향이 성취청
菩薩이 如是以諸善根으로 正迴向已에 成就淸

정신어의업 주보살주 무제과실 수
淨身語意業하야 住菩薩住하며 無諸過失하야 修

습선업 이신어악 심무하예 수일체
習善業하며 離身語惡하야 心無瑕穢하며 修一切

지 주광대심
智하야 住廣大心하니라

지일체법무유소작 주출세법 세법불
知一切法無有所作하며 住出世法하야 世法不

염 분별요지무량제업 성취회향선교
染하며 分別了知無量諸業하며 成就迴向善巧

방편 영발일체취착근본
方便하며 永拔一切取著根本이니라

불자 시위보살마하살 제삼등일체불회
佛子야 是爲菩薩摩訶薩의 第三等一切佛迴

보살이 이와 같이 모든 선근으로써 바르게 회향하고는 청정한 몸과 말과 뜻의 업을 성취하여 보살이 머무르는 데에 머무르며, 모든 허물이 없으며, 선한 업을 닦아 익히며, 몸과 말의 악을 여의어 마음에 허물과 더러움이 없으며, 일체지를 닦아서 광대한 마음에 머무른다.

일체 법이 지을 바 없음을 알며, 출세간법에 머물러 세간법이 물들이지 못하며, 한량없는 모든 업을 분별하고 분명히 알아서 회향하는 선교방편을 성취하며, 일체 집착하는 근본을 영원히 빼어버린다.

불자들이여, 이것이 보살마하살의 셋째 일체

향
向이니라

보살마하살　　　주차회향　　　심입일체제여래
菩薩摩訶薩이　住此迴向하야　深入一切諸如來

업　　　　취향여래승묘공덕　　　입심청정지혜
業하며　趣向如來勝妙功德하며　入深淸淨智慧

경계
境界하나라

불리일체제보살업　　　선능분별교묘방편
不離一切諸菩薩業하며　善能分別巧妙方便하며

입심법계　　　선지보살수행차제　　　입불종
入深法界하며　善知菩薩修行次第하며　入佛種

부처님과 동등한 회향이다.

보살마하살이 이 회향에 머무르면 일체 모든 여래의 업에 깊이 들어가며, 여래의 수승하고 묘한 공덕에 나아가며, 깊고 청정한 지혜의 경계에 들어간다.

일체 모든 보살들의 업을 여의지 아니하며, 능히 교묘한 방편을 잘 분별하며, 깊은 법계에 들어가 보살의 수행하는 차례를 잘 알며, 부처님의 종성에 들어가 공교한 방편으로 한량 없고 가없는 일체 법을 분별하여 분명히 알며,

성 　이교방편 　분별요지무량무변일체
性하며 **以巧方便**으로 **分別了知無量無邊一切**

제법 　수부현신 　어세중생 　이어세법
諸法하며 **雖復現身**하야 **於世中生**이나 **而於世法**에

심무소착
心無所著이니라

이시 　금강당보살 　승불신력 　보관시방
爾時에 **金剛幢菩薩**이 **承佛神力**하사 **普觀十方**하고

즉설송언
卽說頌言하시니라

비록 다시 몸을 나타내어 세상에 태어나더라
도 세상법에 마음이 집착하지 않는다."

그때에 금강당 보살이 부처님의 위신력을 받
들어 시방을 널리 살펴보고 곧 게송을 설하여
말씀하였다.

피제보살마하살
彼諸菩薩摩訶薩이

수과거불회향법
修過去佛迴向法하며

역학미래현재세
亦學未來現在世에

일체도사지소행
一切導師之所行이로다

어제경계득안락
於諸境界得安樂하니

제불여래소칭찬
諸佛如來所稱讚이라

광대광명청정안
廣大光明清淨眼으로

실이회향대총철
悉以迴向大聰哲이로다

보살신근종종락
菩薩身根種種樂이요

안이비설역부연
眼耳鼻舌亦復然이라

여시무량상묘락
如是無量上妙樂으로

실이회향제최승
悉以迴向諸最勝이로다

저 모든 보살마하살이
과거 부처님의 회향법을 닦고
또한 미래와 현재세의
일체 도사께서 행하시는 바를 배우도다.

모든 경계에서 안락을 얻어
모든 부처님 여래께서 칭찬하시는 바이니
넓고 큰 광명의 청정한 눈으로
모두 크게 밝으신 분께 회향하도다.

보살들의 신근이 갖가지로 안락하고
눈과 귀와 코와 혀도 또한 다시 그러하니
이와 같이 한량없는 가장 묘한 낙으로
다 모든 가장 수승함에 회향하도다.

일체세간중선법
一切世間衆善法과

급제여래소성취
及諸如來所成就를

어피실섭무유여
於彼悉攝無有餘하야

진이수희익중생
盡以隨喜益衆生이로다

세간수희무량종
世間隨喜無量種이라

금차회향위중생
今此迴向爲衆生하며

인중사자소유락
人中師子所有樂을

원사군맹실원만
願使群萌悉圓滿이로다

일체국토제여래
一切國土諸如來의

범소지견종종락
凡所知見種種樂을

원령중생개실득
願令衆生皆悉得하야

이위조세대명등
而爲照世大明燈이로다

일체 세간의 온갖 선한 법과

모든 여래께서 성취하신 바를

저기에 남김없이 모두 거두어

다 따라 기뻐하며 중생을 이익케 하도다.

세간에 따라 기뻐함이 한량없는 종류라

지금 이 회향으로 중생들을 위하니

사람 중의 사자께서 있는 바 즐거움을

군맹들로 하여금 다 원만케 하소서.

일체 국토 모든 여래의

무릇 알고 보시는 바 갖가지 즐거움을

중생들로 하여금 모두 다 얻어서

세상을 비추는 큰 밝은 등이 되게 하소서.

보살소득승묘락
菩薩所得勝妙樂을

실이회향제군생
悉以迴向諸群生하니

수위군생고회향
雖爲群生故迴向이나

이어회향무소착
而於迴向無所著이로다

보살수행차회향
菩薩修行此迴向에

흥기무량대비심
興起無量大悲心호대

여불소수회향덕
如佛所修迴向德하야

원아수행실성만
願我修行悉成滿이로다

여제최승소성취
如諸最勝所成就한

일체지승미묘락
一切智乘微妙樂과

급아재세지소행
及我在世之所行과

제보살행무량락
諸菩薩行無量樂과

보살이 얻은 수승하고 미묘한 즐거움을
다 모든 군생들에게 회향하니
비록 군생들을 위하므로 회향하지만
회향에 집착하는 바가 없도다.

보살이 이 회향을 닦아 행하고
한량없는 대비심을 일으켜서
부처님께서 닦으신 바 회향의 덕과 같이
나도 닦아 행하여 다 원만히 이루길 원하도다.

모든 가장 수승한 분이 성취한 바와 같은
일체 지혜 수레의 미묘한 즐거움과
그리고 내가 세상에서 행한 바와
모든 보살행의 한량없는 즐거움과

시입중취안은락
示入衆趣安隱樂과

항수제근적정락
恒守諸根寂靜樂을

실이회향제군생
悉以迴向諸群生하야

보사수성무상지
普使修成無上智로다

비신어의즉시업
非身語意卽是業이나

역불리차이별유
亦不離此而別有니

단이방편멸치명
但以方便滅癡冥하야

여시수성무상지
如是修成無上智로다

보살소수제행업
菩薩所修諸行業이

적집무량승공덕
積集無量勝功德하야

수순여래생불가
隨順如來生佛家호대

적연불란정회향
寂然不亂正迴向이로다

온갖 갈래에 듦을 보이는 안온한 즐거움과
항상 모든 근을 지키는 적정한 즐거움을
다 모든 군생들에게 회향하여
널리 위없는 지혜를 닦아 이루게 하도다.

몸과 말과 뜻은 곧 업이 아니나
또한 이것을 떠나 따로 있지도 않으니
다만 방편으로 어리석음의 어두움을 없애고
이와 같이 위없는 지혜를 닦아 이루도다.

보살이 닦은 바 모든 행의 업으로
한량없는 수승한 공덕을 쌓아 모아서
여래를 수순하여 부처님의 집에 태어나니
고요하고 산란하지 않는 바른 회향이로다.

시방일체제세계
十方一切諸世界에

소유중생함섭수
所有眾生咸攝受하고

실이선근회향피
悉以善根迴向彼하야

원령구족안은락
願令具足安隱樂이로다

불위자신구이익
不爲自身求利益이요

욕령일체실안락
欲令一切悉安樂호대

미증잠기희론심
未曾暫起戲論心하고

단관제법공무아
但觀諸法空無我로다

시방무량제최승
十方無量諸最勝의

소견일체진불자
所見一切眞佛子를

실이선근회향피
悉以善根迴向彼하야

원사속성무상각
願使速成無上覺이로다

시방의 일체 모든 세계에
있는 바 중생들을 모두 거두어 주고
다 선근으로 그들에게 회향하여
안온한 즐거움을 구족하게 하리라.

자신을 위하여 이익을 구하지 아니하고
일체가 다 안락케 하려 하되
일찍이 잠시도 희론의 마음을 일으키지 않고
다만 제법이 공하고 무아임을 관하도다.

시방의 한량없는 모든 가장 수승한 이의
보시는 바 일체 진실한 불자들
모두 선근으로 그들에게 회향하여
속히 위없는 깨달음 이루기를 원하도다.

일체세간함식류
一切世間含識類를

등심섭취무유여
等心攝取無有餘하야

이아소행제선업
以我所行諸善業으로

영피중생속성불
令彼衆生速成佛이로다

무량무변제대원
無量無邊諸大願이

무상도사소연설
無上導師所演說이니

원제불자개청정
願諸佛子皆淸淨하야

수기심락실성만
隨其心樂悉成滿이로다

보관시방제세계
普觀十方諸世界하고

실이공덕시어피
悉以功德施於彼하야

원령개구묘장엄
願令皆具妙莊嚴하니

보살여시학회향
菩薩如是學迴向이로다

일체 세간의 중생들 부류를

평등한 마음으로 남김없이 거두어

내가 행한 모든 선한 업으로

저 중생들이 속히 성불하게 하도다.

한량없고 가없는 모든 대원은

위없는 도사께서 연설하신 것이니

원컨대 모든 불자들이 다 청정하여

그 마음의 즐김을 따라 다 원만히 이루어지이다.

시방의 모든 세계를 널리 관하고

모두 공덕으로 그들에게 베풀어

다 미묘한 장엄 갖추기를 원하니

보살이 이와 같이 회향을 배우도다.

심불칭량제이법
心不稱量諸二法하고

단항요달법무이
但恒了達法無二나

제법약이약불이
諸法若二若不二에

어중필경무소착
於中畢竟無所著이로다

시방일체제세간
十方一切諸世間이

실시중생상분별
悉是衆生想分別이라

어상비상무소득
於想非想無所得하야

여시요달어제상
如是了達於諸想이로다

피제보살신정이
彼諸菩薩身淨已에

즉의청정무하예
則意淸淨無瑕穢하며

어업이정무제과
語業已淨無諸過하니

당지의정무소착
當知意淨無所著이로다

마음이 모든 두 가지 법을 헤아리지 않고
다만 항상 둘 없는 법을 요달하여
모든 법이 둘이거나 둘 아니거나
그 가운데 끝까지 집착하는 바가 없도다.

시방의 일체 모든 세간은
모두 중생들의 생각으로 분별함이니
생각과 생각 아님에 얻을 것 없어서
이와 같이 모든 생각을 요달하도다.

저 모든 보살들의 몸이 청정해지니
곧 뜻도 청정하여 허물과 더러움이 없으며
어업이 이미 청정하여 모든 허물이 없으니
뜻도 청정하여 집착이 없음을 알지어다.

일심정념과거불
一心正念過去佛하고

역억미래제도사
亦憶未來諸導師와

급이현재천인존
及以現在天人尊하야

실학어기소설법
悉學於其所說法이로다

삼세일체제여래
三世一切諸如來가

지혜명달심무애
智慧明達心無礙하사대

위욕이익중생고
爲欲利益衆生故로

회향보리집중업
迴向菩提集衆業이로다

피제일혜광대혜
彼第一慧廣大慧와

불허망혜무도혜
不虛妄慧無倒慧와

평등실혜청정혜
平等實慧淸淨慧와

최승혜자여시설
最勝慧者如是說이로다

일심으로 과거 부처님을 바르게 생각하고

또한 미래 모든 도사와

현재 천인의 높으신 분도 기억하여

그 설하신 법을 다 배우도다.

삼세 일체 모든 여래께서

지혜가 밝게 통달하여 마음에 걸림이 없어

중생들을 이익케 하기 위하여

보리에 회향하는 온갖 업을 모으시도다.

저 제일가는 지혜와 광대한 지혜와

허망하지 않은 지혜와 전도됨 없는 지혜와

평등하고 진실한 지혜와 청정한 지혜와

가장 수승한 지혜 있는 분이 이같이 설하시도다.

불자 운하위보살마하살 지일체처회향
佛子야 云何爲菩薩摩訶薩의 至一切處廻向고

불자 차보살마하살 수습일체제선근시
佛子야 此菩薩摩訶薩이 修習一切諸善根時에

작시념언
作是念言하나라

원차선근공덕지력 지일체처 비여실제
願此善根功德之力으로 至一切處니 譬如實際가

무처부지 지일체물 지일체세간 지
無處不至하야 至一切物하며 至一切世間하며 至

일체중생 지일체국토 지일체법 지
一切衆生하며 至一切國土하며 至一切法하며 至

"불자들이여, 무엇을 보살마하살의 일체 처에 이르는 회향이라 하는가?

불자들이여, 이 보살마하살이 일체 모든 선근을 닦아 익힐 때에 이런 생각을 하여 말한다. '원하오니 이 선근 공덕의 힘으로 일체 처에 이르러지이다. 비유하면 실제가 이르지 못하는 곳이 없어서 일체 물건에 이르고, 일체 세간에 이르고, 일체 중생에게 이르고, 일체 국토에 이르고, 일체 법에 이르고, 일체 허공에 이르고, 일체 삼세에 이르고, 일체 유위와 무

일체허공   지일체삼세   지일체유위무
一切虛空하며 至一切三世하며 至一切有爲無

위   지일체어언음성
爲하며 至一切語言音聲인달하나라

원차선근   역부여시   변지일체제여래
願此善根도 亦復如是하야 偏至一切諸如來

소   공양삼세일체제불   과거제불   소원
所하야 供養三世一切諸佛호대 過去諸佛이 所願

실만   미래제불   구족장엄   현재제
悉滿하시며 未來諸佛이 具足莊嚴하시며 現在諸

불   급기국토   도량중회   변만일체허공
佛호대 及其國土와 道場衆會가 偏滿一切虛空

법계
法界니라

원이신해대위력고   광대지혜무장애고   일
願以信解大威力故며 廣大智慧無障礙故며 一

위에 이르고, 일체 말과 음성에 이르는 것과 같다.

원하오니 이 선근도 또한 다시 이와 같아서 일체 모든 여래의 처소에 두루 이르러 삼세의 일체 모든 부처님께 공양올리되, 과거의 모든 부처님은 소원을 다 만족하시고, 미래의 모든 부처님은 장엄을 구족하시고, 현재의 모든 부처님과 그 국토와 도량의 대중모임이 일체의 허공 법계에 두루 가득하여지이다.

원하오니 믿고 이해하는 큰 위신력인 까닭이며, 광대한 지혜가 장애함이 없는 까닭이며, 일체 선근을 다 회향하는 까닭으로, 모든 하

체선근실회향고　이여제천제공양구　이위
切善根悉迴向故로 以如諸天諸供養具로 而爲

공양　충만무량무변세계
供養하야 充滿無量無邊世界니라

불자　보살마하살　부작시념
佛子야 菩薩摩訶薩이 復作是念하니라

제불세존　보변일체허공법계　종종업소
諸佛世尊이 普徧一切虛空法界와 種種業所

기　시방불가설일체세계종세계　불가설불
起인 十方不可說一切世界種世界와 不可說佛

국토　불경계　종종세계　무량세계　무분
國土와 佛境界와 種種世界와 無量世界와 無分

늘과 같은 모든 공양구로써 공양올려 한량
없고 가없는 세계에 충만하여지이다.'라고 한
다.

불자들이여, 보살마하살이 다시 이 생각을
한다.

'모든 부처님 세존께서 일체 허공 법계와 갖
가지 업으로 일어난 시방의 말할 수 없는 일
체 세계종의 세계와 말할 수 없는 부처님의 국
토와 부처님의 경계와 갖가지 세계와 한량없
는 세계와 분제가 없는 세계와 회전하는 세계

제세계   전세계   측세계   앙세계   복세
齊世界와 轉世界와 側世界와 仰世界와 覆世

계
界하시나라

여시일체제세계중   현주어수   시현종종
如是一切諸世界中에 現住於壽하사 示現種種

신통변화   피유보살   이승해력   위제
神通變化어시든 彼有菩薩이 以勝解力으로 爲諸

중생   감수화자   어피일체제세계중   현
衆生의 堪受化者하야 於彼一切諸世界中에 現

위여래   출홍어세
爲如來하야 出興於世하시나라

이지일체처지   보변개시여래   무량자재신
以至一切處智로 普徧開示如來의 無量自在神

력   법신변왕   무유차별   평등보입일
力호대 法身徧往하야 無有差別하며 平等普入一

와 기울어진 세계와 젖혀진 세계와 엎어진 세계에 널리 두루하신다.

이와 같은 일체 모든 세계에 나타나 오래 머무르시어 갖가지 신통 변화를 나타내 보이시는데, 저 어떤 보살은 수승한 이해의 힘으로써 교화를 받을 만한 모든 중생들을 위하여 저 일체 모든 세계 가운데 여래로 화현하여 세상에 출현한다.

일체 처에 이르는 지혜로 여래의 한량없고 자재한 위신력을 널리 두루 열어 보이며, 법신이 두루 나아가서 차별이 없으며, 일체 법계에 평등하게 널리 들어가며, 여래장신이 나지

체법계　　여래장신　　불생불멸　　선교방
切法界하며 如來藏身이 不生不滅일새 善巧方

편　　보현세간
便으로 普現世間하나니라

증법실성　　초일체고　　득불퇴전무애력고
證法實性하야 超一切故며 得不退轉無礙力故며

생어여래무장애견광대위덕종성중고
生於如來無障礙見廣大威德種性中故니라

불자　　보살마하살　　이기소종일체선근
佛子야 菩薩摩訶薩이 以其所種一切善根으로

원어여시제여래소　　이중묘화　　급중묘향
願於如是諸如來所에 以衆妙華와 及衆妙香과

도 않고 멸하지도 않으나 선교방편으로 세간에 널리 나타난다.

법의 진실한 성품을 증득하여 일체를 초월한 까닭이며, 퇴전하지 않고 걸림 없는 힘을 얻은 까닭이며, 여래의 걸림 없는 지견과 광대한 위덕의 종성 가운데 태어난 까닭이다.'

불자들이여, 보살마하살이 그가 심은 바 일체 선근으로써 이와 같이 모든 여래의 처소에 온갖 미묘한 꽃과 온갖 미묘한 향과 화만과 일산과 깃대와 깃발과 의복과 등촉과 그리고

만개당번   의복등촉   급여일체제장엄구
鬘蓋幢幡과 衣服燈燭과 及餘一切諸莊嚴具로

이위공양   약불형상   약불탑묘   실역여
以爲供養하며 若佛形像과 若佛塔廟에도 悉亦如

시
是하니라

이차선근   여시회향   소위불란회향
以此善根으로 如是迴向하나니 所謂不亂迴向과

일심회향   자의회향   존경회향   부동회
一心迴向과 自意迴向과 尊敬迴向과 不動迴

향   무주회향   무의회향   무중생심회향
向과 無住迴向과 無依迴向과 無衆生心迴向과

무조경심회향   적정심회향
無躁競心迴向과 寂靜心迴向이니라

나머지 일체 모든 장엄구로써 공양올리기를 원하며, 부처님의 형상이나 부처님의 탑묘에도 다 또한 이와 같이 한다.

이 선근으로써 이와 같이 회향한다. 이른바 산란하지 않은 회향과 일심으로 하는 회향과 제 뜻으로 하는 회향과 존경하는 회향과 흔들리지 않는 회향과 머무름이 없는 회향과 의지함이 없는 회향과 중생 마음이 없는 회향과 조급하고 다투는 마음이 없는 회향과 적정한 마음의 회향이다.

부작시념　　진법계허공계　　거래현재일체
復作是念호대　盡法界虛空界에　去來現在一切

겁중제불세존　　득일체지　　성보리도　　무
劫中諸佛世尊이　得一切智하사　成菩提道하사　無

량명자　　각각차별　　어종종시　　현성정각
量名字가　各各差別하야　於種種時에　現成正覺하사

실개주수　　진미래제　　일일각이법계장
悉皆住壽하사　盡未來際토록　一一各以法界莊

엄　　이엄기신
嚴으로　而嚴其身하시니라

도량중회　　주변법계　　일체국토　　수시출
道場衆會가　周徧法界하야　一切國土에　隨時出

흥　　이작불사
興하사　而作佛事하시니라

여시일체제불여래　　아이선근　　보개회
如是一切諸佛如來에　我以善根으로　普皆迴

다시 이 생각을 한다.

'온 법계 허공계에서 과거와 미래와 현재의 일체 겁 동안 모든 부처님 세존께서 일체지를 얻어 보리도를 이루신다. 한량없는 명호가 각각 다른데, 갖가지 시기에 출현하여 정각을 이루시어 모두 다 오래 계시면서 미래제가 다하도록 낱낱이 각각 법계의 장엄으로 그 몸을 장엄하신다.

도량에 모인 대중들도 법계에 두루하여 일체 국토에서 때를 따라 출현하여 불사를 짓는다.

이와 같은 일체 모든 부처님 여래께 내가 선근으로 널리 다 회향하리니, 원컨대 수없는 향

향   원이무수향개   무수향당   무수향번
向 호대 願以無數香蓋와 無數香幢과 無數香幡과

무수향장   무수향망   무수향상   무수향광
無數香帳과 無數香網과 無數香像과 無數香光과

무수향염   무수향운   무수향좌   무수향
無數香燄과 無數香雲과 無數香座와 無數香

경행지   무수향소주처   무수향세계   무
經行地와 無數香所住處와 無數香世界와 無

수향산   무수향해   무수향하   무수향수
數香山과 無數香海와 無數香河와 無數香樹와

무수향의복   무수향연화   무수향궁전
無數香衣服과 無數香蓮華와 無數香宮殿이니라

무량화개   광설내지무량화궁전   무변만
無量華蓋와 廣說乃至無量華宮殿과 無邊鬘

개   광설내지무변만궁전   무등도향개   광
蓋와 廣說乃至無邊鬘宮殿과 無等塗香蓋와 廣

일산과 수없는 향 당기와 수없는 향 깃발과 수없는 향 휘장과 수없는 향 그물과 수없는 향 형상과 수없는 향 광명과 수없는 향 불꽃과 수없는 향 구름과 수없는 향 평상과 수없는 향 경행하는 곳과 수없는 향 머무르는 곳과 수없는 향 세계와 수없는 향 산과 수없는 향 바다와 수없는 향 강과 수없는 향 나무와 수없는 향 의복과 수없는 향 연꽃과 수없는 향 궁전이다.

한량없는 꽃 일산과 널리 말하여 내지 한량없는 꽃 궁전이며, 가없는 화만 일산과 널리 말하여 내지 가없는 화만 궁전이며, 같음이 없

설내지무등도향궁전　불가수말향개　광설
說乃至無等塗香宮殿과 不可數末香蓋와 廣說

내지불가수말향궁전
乃至不可數末香宮殿이니라

불가칭의개　광설내지불가칭의궁전　불가
不可稱衣蓋와 廣說乃至不可稱衣宮殿과 不可

사보개　광설내지불가사보궁전　불가량
思寶蓋와 廣說乃至不可思寶宮殿과 不可量

등광명개　광설내지불가량등광명궁전　불
燈光明蓋와 廣說乃至不可量燈光明宮殿과 不

가설장엄구개　광설내지불가설장엄구궁
可說莊嚴具蓋와 廣說乃至不可說莊嚴具宮

전
殿이니라

불가설불가설마니보개　불가설불가설마
不可說不可說摩尼寶蓋와 不可說不可說摩

는 바르는 향 일산과 널리 말하여 내지 같음이 없는 바르는 향 궁전이며, 셀 수 없는 가루 향 일산과 널리 말하여 내지 셀 수 없는 가루 향 궁전이다.

일컬을 수 없는 옷 일산과 널리 말하여 내지 일컬을 수 없는 옷 궁전이며, 생각할 수 없는 보배 일산과 널리 말하여 내지 생각할 수 없는 보배 궁전이며, 헤아릴 수 없는 등 광명 일산과 널리 말하여 내지 헤아릴 수 없는 등 광명 궁전이며, 말할 수 없는 장엄구 일산과 널리 말하여 내지 말할 수 없는 장엄구 궁전이다.

니보당
尼寶幢이니라

여시마니보번　마니보장　마니보망　마니
如是摩尼寶幡과　摩尼寶帳과　摩尼寶網과　摩尼

보상　마니보광　마니보염　마니보운　마
寶像과　摩尼寶光과　摩尼寶焰과　摩尼寶雲과　摩

니보좌　마니보경행지　마니보소주처　마
尼寶座와　摩尼寶經行地와　摩尼寶所住處와　摩

니보찰　마니보산　마니보해　마니보하
尼寶刹과　摩尼寶山과　摩尼寶海와　摩尼寶河와

마니보수　마니보의복　마니보련화　마니
摩尼寶樹와　摩尼寶衣服과　摩尼寶蓮華와　摩尼

보궁전　개불가설불가설
寶宮殿이　皆不可說不可說이니라

여시일일제경계중　각유무수난순　무수궁
如是一一諸境界中에　各有無數欄楯과　無數宮

말할 수 없이 말할 수 없는 마니보배 일산과,

말할 수 없이 말할 수 없는 마니보배 당기이다.

이와 같이 마니보배 깃발과 마니보배 휘장과

마니보배 그물과 마니보배 형상과 마니보배 광

명과 마니보배 불꽃과 마니보배 구름과 마니

보배 평상과 마니보배 경행하는 땅과 마니보

배 머무르는 곳과 마니보배 세계와 마니보배

산과 마니보배 바다와 마니보배 강과 마니보

배 나무와 마니보배 의복과 마니보배 연꽃

과 마니보배 궁전이 다 말할 수 없이 말할 수

없다.

이와 같은 낱낱 모든 경계 가운데 각각 수없

전　　무수누각　　무수문달　　무수반월　　무수각
殿과 無數樓閣과 無數門闥과 無數半月과 無數却

적　　무수창유　　무수청정보　　무수장엄구
敵과 無數窓牖와 無數淸淨寶와 無數莊嚴具니라

이여시등제공양물　　　공경공양여상소설제
以如是等諸供養物로 恭敬供養如上所說諸

불세존
佛世尊하니라

원령일체세간　　　개득청정　　　일체중생
願令一切世間으로 皆得淸淨하고 一切衆生으로

함득출리　　　주십력지　　　어일체법중　　득무
咸得出離하야 住十力地하야 於一切法中에 得無

는 난간과 수없는 궁전과 수없는 누각과 수없

는 문과 수없는 반달과 수없는 망루와 수없는

창호와 수없는 청정한 보배와 수없는 장엄구

가 있다.

이와 같은 등의 모든 공양물로써 위에서 말

한 바와 같은 모든 부처님 세존께 공경하고 공

양올리리라.' 고 한다.

원하오니 일체 세간이 다 청정함을 얻고, 일

체 중생이 다 벗어남을 얻어 십력의 지위에 머

물러서 일체 법 가운데 걸림 없는 법의 밝음

애 법 명
礙法明하니라

영일체중생   구족선근   실득조복   기
令一切衆生으로 具足善根하야 悉得調伏하며 其

심무량   등허공계   왕일체찰   이무소
心無量하야 等虛空界하며 往一切刹호대 而無所

지   입일체토   시제선법
至하며 入一切土하야 施諸善法하니라

상득견불   식제선근   성취대승   불착
常得見佛하야 植諸善根하며 成就大乘하야 不著

제법   구족중선   입무량행   보입무변
諸法하며 具足衆善하야 立無量行하며 普入無邊

일체법계   성취제불신통지력   득어여
一切法界하며 成就諸佛神通之力하며 得於如

래일체지지
來一切智智니라

을 얻게 한다.

일체 중생이 선근을 구족하여 다 조복함을 얻으며, 그 마음이 한량없어서 허공계와 같으며, 일체 세계에 가되 이르는 바가 없으며, 일체 국토에 들어가서 모든 선한 법을 베풀게 한다.

항상 부처님을 친견하고 모든 선근을 심으며, 대승을 성취하여 모든 법에 집착하지 않으며, 온갖 선을 구족하여 한량없는 행을 세우며, 가없는 일체 법계에 널리 들어가며, 모든 부처님의 신통력을 성취하며, 여래의 일체지지를 얻게 한다.

비여무아　보섭제법　　아제선근　역부
譬如無我가 普攝諸法인달하야 我諸善根도 亦復

여시　　보섭일체제불여래　함실공양　　무
如是하야 普攝一切諸佛如來니 咸悉供養하야 無

유여고
有餘故니라

보섭일체무량제법　　실능오입　　무장애
普攝一切無量諸法이니 悉能悟入하야 無障礙

고　보섭일체제보살중　구경개여동선근
故며 普攝一切諸菩薩衆이니 究竟皆與同善根

고
故니라

보섭일체제보살행　　이본원력　　개원만
普攝一切諸菩薩行이니 以本願力으로 皆圓滿

고　보섭일체보살법명　요달제법　　개무
故며 普攝一切菩薩法明이니 了達諸法하야 皆無

비유하면 무아가 모든 법을 널리 포섭하듯이, 나의 모든 선근도 또한 다시 이와 같아서 일체 모든 부처님 여래를 널리 포섭하니 모두 다 공양올려서 남음이 없는 까닭이다.

일체 한량없는 모든 법을 널리 포섭하니 다 능히 깨달아서 장애가 없는 까닭이며, 일체 모든 보살 대중들을 널리 포섭하니 구경에 다 선근이 같은 까닭이다.

일체 모든 보살들의 행을 널리 포섭하니 본래의 원력이 다 원만한 까닭이며, 일체 보살의 법의 밝음을 널리 포섭하니 모든 법을 요달하여 다 걸림이 없는 까닭이다.

애 고
礙故니라

보섭제불대신통력　　성취무량제선근고　　보
普攝諸佛大神通力이니 **成就無量諸善根故**며 **普**

섭제불력무소외　　발무량심　　만일체고
攝諸佛力無所畏니 **發無量心**하야 **滿一切故**니라

보섭보살삼매변재다라니문　　선능조료무
普攝菩薩三昧辯才陀羅尼門이니 **善能照了無**

이법고　　보섭제불선교방편　　시현여래대
二法故며 **普攝諸佛善巧方便**이니 **示現如來大**

신 력 고
神力故니라

보섭삼세일체제불　　강생성도　　전정법
普攝三世一切諸佛이 **降生成道**하사 **轉正法**

륜　　조복중생　　입반열반　　공경공양
輪하사 **調伏衆生**하시고 **入般涅槃**이니 **恭敬供養**하야

모든 부처님의 큰 신통력을 널리 포섭하니 한량없는 모든 선근을 성취하는 까닭이며, 모든 부처님의 힘과 두려움 없음을 널리 포섭하니 한량없는 마음을 내어 일체에 가득한 까닭이다.

보살들의 삼매와 변재와 다라니문을 널리 포섭하니 둘이 없는 법을 잘 능히 비추어 아는 까닭이며, 모든 부처님의 선교방편을 널리 포섭하니 여래의 큰 위신력을 나타내 보이는 까닭이다.

삼세의 일체 모든 부처님께서 탄생하시고 성도하시고 바른 법륜을 굴리시고 중생을 조복하시고 열반에 드심을 널리 포섭하니 공경하

실주변고
悉周徧故니라

보섭시방일체세계　엄정불찰　함구경고
普攝十方一切世界니 嚴淨佛刹하야 咸究竟故며

보섭일체제광대겁　어중출현　수보살
普攝一切諸廣大劫이니 於中出現하야 修菩薩

행　무단절고
行하야 無斷絶故니라

보섭일체소유취생　실어기중　현수생
普攝一切所有趣生이니 悉於其中에 現受生

고　보섭일체제중생계　구족보현보살행
故며 普攝一切諸衆生界니 具足普賢菩薩行

고 공양하여 다 두루하는 까닭이다.

시방의 일체 세계를 널리 포섭하니 부처님 세계를 다 끝까지 청정하게 장엄하는 까닭이며, 일체 모든 광대한 겁을 널리 포섭하니 그 가운데 출현하여 보살행을 닦아서 끊어짐이 없는 까닭이다.

일체의 있는 바 갈래에 태어남을 널리 포섭하니 다 그 가운데 태어남을 나타내는 까닭이며, 일체 모든 중생계를 널리 포섭하니 보현보살의 행을 구족하는 까닭이며, 일체 모든 미

고　　보섭일체제혹습기　　실이방편　　　영 청
故며 普攝一切諸惑習氣니 悉以方便으로 令清

정 고
淨故니라

보섭일체중생제근　　　무량차별　　함요지고
普攝一切衆生諸根이니 無量差別을 咸了知故며

보섭일체중생해욕　　　영리잡염　　　득 청 정
普攝一切衆生解欲이니 令離雜染하야 得清淨

고　　보섭일체화중생행　　수기소응　　　위 현
故며 普攝一切化衆生行이니 隨其所應하야 爲現

신 고
身故니라

보섭일체응중생도　　실입일체중생계고　　보
普攝一切應衆生道니 悉入一切衆生界故며 普

섭일체여래지성　　　호지일체제불교고
攝一切如來智性이니 護持一切諸佛教故니라

혹과 습기를 널리 포섭하니 다 방편으로 청정하게 하는 까닭이다.

일체 중생의 모든 근을 널리 포섭하니 한량 없는 차별을 다 분명히 아는 까닭이며, 일체 중생의 이해와 욕망을 널리 포섭하니 잡되고 물듦을 여의고 청정함을 얻게 하는 까닭이며, 일체 중생을 교화하는 행을 널리 포섭하니 그 알맞은 바를 따라 몸을 나타내는 까닭이다.

일체 중생에게 알맞은 도를 널리 포섭하니 일체 중생계에 다 들어가는 까닭이며, 일체 여래의 지혜 성품을 널리 포섭하니 일체 모든 부처님의 가르침을 보호하여 지니는 까닭이다.

불자　　보살마하살　　이제선근　　　여시회향
佛子야 菩薩摩訶薩이 以諸善根으로 如是迴向

시　　용무소득　　　이위방편　　불어업중　　분
時에 用無所得하야 而爲方便하야 不於業中에 分

별보　　불어보중　분별업
別報하고 不於報中에 分別業하나라

수무분별　　이보입법계　　수무소작　　이항
雖無分別이나 而普入法界하며 雖無所作이나 而恒

주선근　　수무소기　이근수승법　　불신제
住善根하며 雖無所起나 而勤修勝法하며 不信諸

법　　이능심입　　불유어법　　이실지견
法호대 而能深入하며 不有於法호대 而悉知見하나라

약작부작　　개불가득　　지제법성　　항부자
若作不作을 皆不可得하며 知諸法性이 恒不自

재　　수실견제법　　이무소견　　보지일
在하며 雖悉見諸法이나 而無所見하며 普知一

불자들이여, 보살마하살이 모든 선근으로
이와 같이 회향할 때에 얻을 것 없는 것으로
써 방편을 삼아, 업 가운데서 과보를 분별하
지 않고 과보 가운데서 업을 분별하지 않는다.

비록 분별함이 없으나 법계에 널리 들어가
며, 비록 짓는 바가 없으나 항상 선근에 머무
르며, 비록 일으키는 바가 없으나 수승한 법
을 부지런히 닦으며, 모든 법을 믿지 않으나
능히 깊이 들어가며, 법에 있지 않으나 다 알
고 본다.

짓거나 짓지 않거나 다 얻을 수 없으며, 모든
법의 성품을 알지만 항상 자재하지 않으며, 비

체　　　이무소지
切호대 而無所知하나니라

보살　　여시요달경계　　지일체법　인연위
菩薩이 如是了達境界하야 知一切法이 因緣爲

본　　　견어일체제불법신　　지일체법이염실
本하며 見於一切諸佛法身하며 至一切法離染實

제　　　해료세간　개여변화　　명달중생　유시
際하며 解了世間이 皆如變化하며 明達衆生이 唯是

일법　　무유이성　　불사업경　선교방편
一法이라 無有二性하며 不捨業境의 善巧方便하나니라

어유위계　시무위법　　이불멸괴유위지상
於有爲界에 示無爲法호대 而不滅壞有爲之相하며

록 모든 법을 다 보지만 보는 바가 없으며, 일 체를 널리 알지만 아는 바가 없다.

보살이 이와 같이 경계를 분명히 알아 일체 법은 인연으로 근본이 됨을 알며, 일체 모든 부처님의 법신을 보아 일체 법이 물듦을 떠난 실제에 이르며, 세간이 다 변화함과 같음을 알 며, 중생은 오직 한 가지 법이고 두 성품이 없 음을 밝게 통달하며, 업과 경계의 선교방편을 버리지 아니한다.

유위의 경계에서 무위의 법을 보이되 유위의

어무위계　시유위법　　이불분별무위지
於無爲界에 示有爲法호대 而不分別無爲之

상
相이니라

보살　여시관일체법　필경적멸　성취일
菩薩이 如是觀一切法이 畢竟寂滅하야 成就一

체청정선근　이기구호중생지심　지혜
切淸淨善根하야 而起救護衆生之心하며 智慧

명달일체법해　상락수행이우치법　이구
明達一切法海하야 常樂修行離愚癡法하며 已具

성취출세공덕　불갱수학세간지법　득정
成就出世功德하야 不更修學世間之法하며 得淨

모양을 파괴하여 없애지 아니하며, 무위의 경계에서 유위의 법을 보이되 무위의 모양을 분별하지 아니한다.

보살이 이와 같이 일체 법이 필경에 적멸함을 관찰하여 일체 청정한 선근을 성취하여 중생을 구호하려는 마음을 낸다. 지혜가 일체 법의 바다를 밝게 통달하여 어리석음을 여의는 법을 항상 즐겁게 수행하며, 이미 세간을 벗어나는 공덕을 구족하게 성취하여 다시 세간의 법을 수학하지 아니하며, 깨끗한 지혜의 눈을

지안   이제치예   이선방편   수회향도
智眼하야 離諸癡翳하야 以善方便으로 修迴向道니라

불자   보살마하살   이제선근   여시회향
佛子야 菩薩摩訶薩이 以諸善根으로 如是迴向하야

칭가일체제불지심   엄정일체제불국토
稱可一切諸佛之心하며 嚴淨一切諸佛國土하며

교화성숙일체중생   구족수지일체불법
敎化成熟一切衆生하며 具足受持一切佛法하야

작일체중생   최상복전
作一切衆生의 最上福田이니라

위일체상인   지혜도사   작일체세간   청
爲一切商人의 智慧導師하며 作一切世間의 淸

얻어 모든 어리석은 눈병을 떠나 좋은 방편으로 회향하는 도를 닦는다.

불자들이여, 보살마하살이 모든 선근으로 이와 같이 회향하여 일체 모든 부처님의 마음에 잘 맞으며, 일체 모든 부처님의 국토를 깨끗이 장엄하며, 일체 중생을 교화하여 성숙시키며, 일체 부처님 법을 구족하게 받아 지니며, 일체 중생의 가장 높은 복전이 된다.

일체 상인의 지혜로운 인도자가 되며, 일체 세간의 청정한 태양이 되며, 낱낱 선근이 법계

정일륜　　일일선근　　충변법계　　실능구호
淨日輪하야 一一善根이 充徧法界하며 悉能救護

일체중생　　개령청정구족일체공덕
一切衆生하야 皆令淸淨具足一切功德이니라

불자　　보살마하살　　여시회향시　　능호지일
佛子야 菩薩摩訶薩이 如是迴向時에 能護持一

체불종　　능성숙일체중생　　능엄정일체
切佛種하며 能成熟一切衆生하며 能嚴淨一切

국토　　능불괴일체제업
國土하며 能不壞一切諸業하니라

능요지일체제법　　능등관제법무이　　능변
能了知一切諸法하며 能等觀諸法無二하며 能徧

왕시방세계　　능요달이욕실제　　능성취청
往十方世界하며 能了達離欲實際하며 能成就淸

정신해　　능구족명리제근
淨信解하며 能具足明利諸根하나니라

에 두루 충만하며, 일체 중생을 다 능히 구호하여 모두 일체 공덕을 청정히 구족하게 한다.

불자들이여, 보살마하살이 이와 같이 회향할 때에 능히 일체 부처님 종자를 보호하여 지니며, 능히 일체 중생을 성숙하게 하며, 일체 국토를 능히 청정하게 장엄하며, 능히 일체 모든 업을 깨뜨리지 아니한다.

능히 일체 모든 법을 분명히 알며, 능히 모든 법이 둘이 없음을 평등하게 관찰하며, 능히 시방세계에 두루 가며, 능히 탐욕을 여읜 실제를 요달하며, 능히 청정한 믿음과 이해를 성취하며, 능히 밝고 예리한 모든 근을 구족한다.

佛子_야 是爲菩薩摩訶薩_의 第四至一切處迴

向_{이니라}

菩薩摩訶薩_이 住此迴向時_에 得至一切處身

業_{하나니} 普能應現一切世界故_며 得至一切處

語業_{하나니} 於一切世界中_에 演說法故_며 得至一

切處意業_{하나니} 受持一切佛所說法故_{니라}

불자들이여, 이것이 보살마하살의 넷째 일체 처에 이르는 회향이다.

보살마하살이 이 회향에 머무를 때에 일체 처에 이르는 몸의 업을 얻으니 널리 능히 일체 세계에 응하여 나타나는 까닭이며, 일체 처에 이르는 말의 업을 얻으니 일체 세계에서 법을 연설하는 까닭이며, 일체 처에 이르는 뜻의 업을 얻으니 일체 부처님께서 말씀하신 법을 받아 지니는 까닭이다.

일체 처에 이르는 신족통을 얻으니 중생 마

득지일체처신족통　　수중생심　　실왕응
得至一切處神足通하나니 隨衆生心하야 悉往應

고　득지일체처수증지　　보능요달일체
故며 得至一切處隨證智하나니 普能了達一切

법고　득지일체처총지변재　　수중생심
法故며 得至一切處總持辯才하나니 隨衆生心하야

영환희고
令歡喜故니라

득지일체처입법계　　어일모공중　　보입
得至一切處入法界하나니 於一毛孔中에 普入

일체세계고　득지일체처변입신　　어일
一切世界故며 得至一切處徧入身하나니 於一

중생신　보입일체중생신고
衆生身에 普入一切衆生身故니라

득지일체처보견겁　　일일겁중　　상견일
得至一切處普見劫하나니 一一劫中에 常見一

음을 따라 다 가서 응하는 까닭이며, 일체 처에 이르는 따라 증득하는 지혜를 얻으니 널리 능히 일체 법을 요달한 까닭이며, 일체 처에 이르는 총지와 변재를 얻으니 중생 마음을 따라 환희케 하는 까닭이다.

일체 처에 이르는 법계에 들어감을 얻으니 한 모공 가운데 일체 세계가 널리 들어가는 까닭이며, 일체 처에 이르는 두루 들어가는 몸을 얻으니 한 중생의 몸에 일체 중생의 몸이 널리 들어가는 까닭이다.

일체 처에 이르는 널리 보는 겁을 얻으니 낱낱 겁 가운데 일체 모든 여래를 항상 보는 까

체 제 여 래 고　　득 지 일 체 처 보 견 념　　　일 일
切諸如來故며 得至一切處普見念하나니 一一

념 중　　일 체 제 불　　실 현 전 고
念中에 一切諸佛이 悉現前故라

불 자　　보 살 마 하 살　　득 지 일 체 처 회 향　　능 이
佛子야 菩薩摩訶薩이 得至一切處迴向에 能以

선 근　　　여 시 회 향
善根으로 如是迴向이니라

이 시　　금 강 당 보 살　　승 불 위 력　　　보 관 시 방
爾時에 金剛幢菩薩이 承佛威力하사 普觀十方하고

이 설 송 언
而說頌言하시니라

닦이며, 일체 처에 이르는 널리 보는 생각을 얻으니 낱낱 생각 가운데 일체 모든 부처님께서 모두 앞에 나타나시는 까닭이다.

불자들이여, 보살마하살이 일체 처에 이르는 회향을 얻으면 능히 선근으로써 이와 같이 회향한다."

그때에 금강당 보살이 부처님의 위신력을 받들어 시방을 널리 살펴보고 게송을 설하여 말씀하였다.

내 외 일 체 제 세 간
內外一切諸世間에

보 살 실 개 무 소 착
菩薩悉皆無所著하고

불 사 요 익 중 생 업
不捨饒益衆生業하나니

대 사 수 행 여 시 지
大士修行如是智이로다

시 방 소 유 제 국 토
十方所有諸國土에

일 체 무 의 무 소 주
一切無依無所住하야

불 취 활 명 등 중 법
不取活命等衆法하며

역 불 망 기 제 분 별
亦不妄起諸分別이로다

보 섭 시 방 세 계 중
普攝十方世界中에

일 체 중 생 무 유 여
一切衆生無有餘호대

관 기 체 성 무 소 유
觀其體性無所有하야

지 일 체 처 선 회 향
至一切處善迴向이로다

안과 밖의 일체 모든 세간에

보살은 모두 다 집착하는 바 없고

중생을 요익하는 업을 버리지 않으니

대사가 이러한 지혜를 닦아 행하도다.

시방에 있는 바 모든 국토에

일체 의지함도 없고 머무르는 바도 없어

살아가는 온갖 법을 취하지 않으며

또한 모든 분별을 허망하게 일으키지 않도다.

시방세계 가운데

일체 중생을 남김없이 널리 거두되

그 체성이 있는 바 없음을 관하여

일체 처에 이르도록 잘 회향하도다.

보섭유위무위법
普攝有爲無爲法호대

불어기중기망념
不於其中起妄念하고

여어세간법역연
如於世間法亦然하니

조세등명여시각
照世燈明如是覺이로다

보살소수제업행
菩薩所修諸業行이

상중하품각차별
上中下品各差別하니

실이선근회향피
悉以善根迴向彼

시방일체제여래
十方一切諸如來로다

보살회향도피안
菩薩迴向到彼岸호대

수여래학실성취
隨如來學悉成就라

항이묘지선사유
恒以妙智善思惟하야

구족인중최승법
具足人中最勝法이로다

유위법과 무위법을 널리 거두되
그 가운데 망념을 일으키지 않고
세간에서와 같이 법에도 또한 그러하니
세상을 비추는 밝은 등이 이렇게 깨달았도다.

보살이 닦은 바 모든 업과 행이
상품과 중품과 하품이 각각 다르나
모두 선근으로써 저 시방의
일체 모든 여래께 회향하도다.

보살이 회향하여 피안에 이르러
여래를 따라 배워 다 성취하고
항상 묘한 지혜로써 잘 사유하여
사람 가운데 가장 수승한 법을 구족하도다.

청정선근보회향
清淨善根普迴向하야

이익군미항불사
利益群迷恒不捨하야

실령일체제중생
悉令一切諸衆生으로

득성무상조세등
得成無上照世燈이로다

미증분별취중생
未曾分別取衆生하며

역불망상념제법
亦不妄想念諸法하니

수어세간무염착
雖於世間無染著이나

역부불사제함식
亦復不捨諸含識이로다

보살상락적멸법
菩薩常樂寂滅法하야

수순득지열반경
隨順得至涅槃境이나

역불사리중생도
亦不捨離衆生道하고

획여시등미묘지
獲如是等微妙智로다

청정한 선근으로 널리 회향하여
미혹한 중생들을 이익하려 늘 버리지 않고
다 일체 모든 중생들로 하여금
위없는 세상을 비추는 등불을 이루게 하도다.

일찍이 중생들을 분별하여 취하지 않고
또한 망상으로 모든 법을 생각지 않으니
비록 세간에 물들거나 집착함이 없으나
또한 다시 모든 함식들을 버리지 않도다.

보살이 적멸한 법을 늘 즐기고
수순하여 열반의 경계에 이르나
또한 중생의 길을 버리지 않고
이와 같은 등의 미묘한 지혜를 얻도다.

보살미증분별업　　　　　　　역불취착제과보
菩薩未曾分別業하며　　　　　亦不取著諸果報하나니

일체세간종연생　　　　　　　불리인연견제법
一切世間從緣生이라　　　　　不離因緣見諸法이로다

심입여시제경계　　　　　　　불어기중기분별
深入如是諸境界호대　　　　　不於其中起分別하나니

일체중생조어사　　　　　　　어차명료선회향
一切衆生調御師가　　　　　　於此明了善迴向이로다

〈大方廣佛華嚴經 卷第二十四〉

보살은 일찍이 업을 분별하지 않으며
또한 모든 과보에도 집착하지 않으니
일체 세간이 연을 따라 남이라
인연을 여의지 않고 모든 법을 보도다.

이와 같은 모든 경계에 깊이 들어갔으나
그 가운데 분별을 일으키지 않으니
일체 중생의 조어사께서
이것을 밝게 알고 잘 회향하시도다.

〈대방광불화엄경 제24권〉

大方廣佛華嚴經
부록

•

대방광불화엄경 목차

•

간행사

대방광불화엄경
목차

간 행 사

  귀의삼보 하옵고,

  『대방광불화엄경』의 수지 독송과 유통을 발원하면서 수미정사 불전연구원에서 『독송본 한문·한글역 대방광불화엄경』과 『사경본 한글역 대방광불화엄경』을 편찬하여 간행하게 되었습니다.

  『화엄경』은 우리나라에 전래된 이래 일찍부터 사경되고 주석·강설되어 왔으며 근현대에 이르러서는 『화엄경』의 한글 번역과 연구도 부쩍 많이 이루어졌습니다. 그만큼 『화엄경』이 우리 불자님들의 신행과 해탈에 큰 의지처가 되었던 것임을 알 수 있습니다.

  『화엄경』을 독송하고 사경하는 공덕은 설법 공덕과 함께 크게 강조되어 왔습니다. 그리하여 수미정사 불전연구원에서도 『화엄경』(80권)을 독송하고 사경하는 데 도움이 되도록 한문 원문과 한글역을 함께 수록한 독송본과 한글역의 사경본 『화엄경』 간행불사를 발원하였습니다. 이 『화엄경』 간행불사에 뜻을 같이하여 적극 후원해주신 스님들과 재가 불자님들께 깊이 감사드립니다. 또한 『화엄경』을 수지 독송할 수 있도록 경책의 모습으로 장엄해 주신 편집위원들과 담앤북스 출판사 관계자들께도 고마움을 표합니다.

  끝으로 이 불사의 원만 회향으로 『화엄경』이 널리 유통되고, 온 법계에 부처님의 가피가 충만하시길 기원드립니다.

  나무 대방광불화엄경

불기 2564년 '부처님오신날'을 봉축하며
수미해주 합장

위태천신(동진보살)

수미해주 須彌海住

동국대학교 명예교수
중앙승가대학교 법인이사
대한불교조계종 수미정사 주지

독송본 한문·한글역
대방광불화엄경 제24권

| **초판 1쇄 발행**_ 2022년 5월 24일

| **엮은이**_ 수미해주
| **엮은곳**_ 수미정사 불전연구원
| **편집위원**_ 해주 수정 경진 선초 정천 석도 박보람 최원섭
| **편집보**_ 무이 무진 지욱 혜명

| **펴낸이**_ 오세룡
| **펴낸곳**_ 담앤북스
　　　　　서울특별시 종로구 새문안로3길 23 경희궁의 아침 4단지 805호
　　　　　대표전화 02)765-1251 전자우편 damnbooks@hanmail.net
　　　　　출판등록 제300-2011-115호
| ISBN_ 979-11-6201-373-1 04220

정가 15,000원
ⓒ 수미해주 2022